谨以此丛书献给
内蒙古自治区文物考古研究所成立60周年

内蒙古文化遗产丛书

兴安文化遗产

内蒙古自治区文物考古研究所　编

文物出版社

责任编辑　贾东营
责任印制　张　丽

图书在版编目（CIP）数据

兴安文化遗产 ／ 陈永志，吉平，张文平主编；
内蒙古自治区文物考古研究所编．–北京：文物出版社，
2014.8
　　（内蒙古文化遗产丛书）
　　ISBN 978–7–5010–4040–7

　　Ⅰ.①兴…　Ⅱ.①陈…　②吉…　③张…　④内…　Ⅲ.
①文化遗产–介绍–兴安盟　Ⅳ.①K292.62

　　中国版本图书馆CIP数据核字(2014)第146707号

兴安文化遗产

编　　　者　内蒙古自治区文物考古研究所
出版发行　文物出版社
地　　　址　北京市东直门内北小街2号楼
邮政编码　100007
网　　　址　www.wenwu.com
邮　　　箱　web@wenwu.com
制版印刷　北京燕泰美术制版印刷有限责任公司
经　　　销　新华书店
版　　　次　2014年8月第1版第1次印刷
开　　　本　787×1092　　1/16
印　　　张　20.5
书　　　号　ISBN 978–7–5010–4040–7
定　　　价　310.00元

序言

　　美丽富饶的内蒙古自治区位于祖国的北部边疆，环境优美，气候宜人，自古以来就是人类繁衍生息的好地方。特定的地理位置、区域特点与生态环境，形成绚丽多姿、丰富多彩的物质文化遗产，造就了博大精深的草原文化。由内蒙古自治区文物考古研究所编纂的这套《内蒙古文化遗产丛书》，将分布在内蒙古自治区各地的物质文化遗产以盟市为单位编列成书，系统地向社会展示，显示了内蒙古自治区文化遗产的突出优势，这在当今"弘扬社会主义先进文化，推动社会主义文化大发展大繁荣"的新形势下，无疑具有重要的现实意义。

　　内蒙古自治区历史悠久，文化积淀深厚。草原地区人类的历史最早可以追溯到旧石器时代，这是草原文化的滥觞时期。在内蒙古呼和浩特东郊发现的大窑旧石器时代遗址，发现了石器制造场与其他的人类遗迹，将内蒙古地区人类的历史提升到了50万年。另外，在内蒙古其他地区还发现了距今5万年至1万年的"河套人"以及"扎赉诺尔人"，由此证明了中国北方的内蒙古自治区也是人类的重要起源地之一。新石器时代至青铜时代是草原文化形成的重要阶段，以赤峰红山命名的红山文化，是这一时期草原文化的核心。在内蒙古地区相继发现的兴隆洼文化、赵宝沟文化、富河文化、庙子沟文化、小河沿文化、朱开沟文化、夏家店下层文化等一系列草原考古学文化，使得中华民族文化呈现出"多源辐辏"、"百花齐放"的繁荣局面。秦汉、魏晋之际是草原文化快速发展的重要阶段。位于阿拉善盟的居延遗址群是中国西部地区重要的汉代边疆城市遗址，以出土"居延汉简"著称于世。呼和浩特地区和林格尔的盛乐古城遗址是内蒙古中南部最大的都城遗址。呼伦贝尔市鄂伦春自治旗的嘎仙洞遗址，发现北魏太平真君四年（443年）的石刻祝文，证明了此处是鲜卑贵族的"先祖石室"、拓跋鲜卑的发祥地。这些重要的文化遗产是中国历史上多民族文化碰撞、融合、升华的实物见证。辽金元时期草原文化达到了空前的繁荣与昌盛。内蒙古东部的赤峰、通辽历史上是辽王朝的京畿地区，契丹人的政治中心所在。在这一地区分布有辽上京、辽中京两大都城，还分布有辽祖陵、辽怀陵、辽庆陵三大皇族陵寝，以及轰动世界、闻名遐迩的辽陈国公主墓、吐尔基山辽墓。元代的内蒙古地区是东西文化交流的主阵地，"草原丝绸之路"东端的重要起点。元上都遗址是中国北方草原地带最大的元代都城遗址，御天门、大安阁、穆清阁等重要建筑遗迹，真实地再现了元代皇城的宏伟规模，极大地彰显了元上都遗址的突出价值，是内蒙古自治区极为珍贵的世界文化遗产。位于乌兰察布市的集宁路古城遗址，考古发现了一处完整的市肆遗迹及多处器物窖藏，出土了釉里红玉壶春瓶、青花梨形壶、卵白釉"枢府"铭盘、青釉龟形砚滴、青釉荷叶盖罐等大量完整瓷器，以及其他珍贵瓷器标本上万件，堪称中国的"庞贝城"。另外，内蒙古自治区也是我国古代岩画资源最为富集的地区，以阴山岩画、曼德拉山岩画、乌兰察布岩画最为典型，岩画总量多达十万余幅，时代纵跨上万年，这是内蒙古草原地区现存最为壮观的古代艺术画廊。此外，内蒙古自治区还拥有当今世界上保存最长、辐射面最广、影响最为深远的特殊文化线路——长城。全区共查明有战国燕、战国赵、战国秦、秦代、西汉、东汉、北魏、隋代、北宋、金代、西夏、明代修筑的长城墙体7570公里，有与长城相关的马面、敌台、烽燧、障城、关堡等各类遗存近万处，其附属遗址的数量、跨越的时代及墙体长度，都位居全国第一。这些林林总总的物质文化遗产都是内蒙古自治区珍贵的文化资源，是草原文明的重要实物载体，也是草原文化薪火相传的实物例证。

《内蒙古文化遗产丛书》以草原地区古代民族活动遗留下来的物质文化遗产为具体研究对象，对人类的生产生活、社会生活、精神生活进行"时"、"空"、"人"三维的全方位考察研究，以期对草原民族物质生活、精神生活以及制度体系进行客观定位，进而揭示社会文化的发展状况，人类文明的历史进程。人类起源问题是当今世界十大科学课题之一，草原人类从何而来？草原文明从哪发端？这也是困扰当今学术界的重大问题。内蒙古草原地带大窑遗址、萨拉乌苏遗址、金斯太洞穴遗址、扎赉诺尔遗址等一系列旧石器时代文化遗存的考古发现，证明中国北方草原地带的内蒙古自治区同样也是人类的重要发祥地之一，其学术意义是不言而喻的。而古代文明的起源与形成也是世界学术界倍加关注的课题之一。近年来，随着内蒙古文化遗产保护、发掘与研究工作的深入开展，广泛分布在蒙古草原地带的一些古代遗址与墓葬逐渐地被揭露与发现，不同历史时期的文物精品大量破土面世。特别是位于内蒙古东部地区红山文化遗址的考古发现，证明了中华民族文明的源头可以追溯到草原深处，内蒙古同样也是中华文明曙光升起的地方，草原文化与黄河文化、长江文化三位一体，已经构成了中华民族历史文明的三大主流文化。中华民族多元一体文化格局的建构，草原文化功不可没。

草原文化之所以有着如此强大的生命力与感召力，还在于她的开放性、包容性与文化内涵的博大精深。内蒙古自治区位于欧亚大陆的东端，蒙古高原的南部，作为世界历史上著名的"草原丝绸之路"，这里是东西文化交流的重要长廊，也是游牧文明与农耕文明交融和碰撞的特殊地带。特殊的区域位置与人文环境，创造了种类繁多、规模宏大、保存完好的城市文化遗产。在内蒙古自治区分布有北魏的盛乐都，辽代的上京城，元代的上都、黑城古城等中外闻名的城市遗址，围绕着这些大遗址，群星点点地分布着各类古代文化遗存，构成了草原丝绸之路商品交换的大通道，东西文化传播的主干线。

所以，分布在内蒙古自治区这些林林总总的物质文化遗产，反映了草原文化的庞大内涵，是草原文明最为直接而又形象的体现。文化是多元的，中华民族文化是多民族文化碰撞、融和、升华的结果，草原文化是中华民族文化构筑的一个重要板块，深化草原文化研究，考察草原文化的发展演进轨迹，探索草原文化与华夏文化碰撞、融合的历史进程，对于进一步弘扬中华民族文化具有重要的历史意义。

习近平总书记指出：一个国家、一个民族的强盛，总是以文化兴盛为支撑的，中华民族伟大复兴需要以中华文化发展繁荣为条件。中华优秀文化是我们民族永不褪色的名片、永不贬值的"硬通货"。同时要求我们要系统梳理传统文化资源，让收藏在禁宫里的文物、陈列在广阔大地上的遗产、书写在古籍里的文字都"活"起来。这是对我们文化工作者的一个总体要求，也是我们文化遗产保护事业发展的一个总方针。目前，内蒙古自治区的文化遗产保护事业蓬勃发展，草原文化研究欣欣向荣，重大考古发现层出不穷，学术研究成果斐然，文化遗产保护工作得到了社会的普遍认同，在弘扬中华民族传统文化、增强国民凝聚力与向心力、建设社会主义和谐社会等方面发挥着不可替代的重要作用。作为展示草原文化遗产的点睛之作，《内蒙古文化遗产丛书》以研究内蒙古文化遗产为主要内容，旨在进一步弘扬草原文化，传承草原文明，这是这套丛书付梓的重要意义。

是为序。

内蒙古自治区党委常委　宣传部部长

2014年7月25日

目 录

前言 陈永志　　　　　　　　　　　　　　　　002

内蒙古文化遗产概论 陈永志　　　　　　　　004

兴安盟文化遗产综述 高国庆　　　　　　　020

文化遗产　　　　　　　　　　　　　　　027

新石器时代 ／ 032

魏晋北朝时期 ／ 050

辽金元时期 ／ 056

明清时期 ／ 178

近现代 ／ 234

附录　　　　　　　　　　　　　　　　307

表一　兴安盟全国重点文物保护单位名单 ／ 309

表二　兴安盟自治区级重点文物保护单位名单 ／ 310

表三　兴安盟市县级重点文物保护单位名单 ／ 311

后记　　　　　　　　　　　　　　　　316

前言

陈永志

内蒙古自治区位于中国北方草原地带，作为世界上著名的"草原丝绸之路"，历史文化积淀深厚。目前已初步查明有各类文物遗址点2.1万余处，全国重点文物保护单位141处，自治区级重点文物保护单位319处，盟市旗县级别的文物保护单位700余处。这些林林总总的物质文化遗产，构成了草原文明的主体，展现出草原文化发展的完整脉络，是内蒙古自治区极为珍贵的文化资源。如何有效地利用这些丰厚的文化遗产，将文化遗产资源转化为强大的发展优势，这是我们每一个文物考古工作者所肩负的历史重任。党的十八大提出"两个一百年"的奋斗目标和实现中华民族伟大复兴"中国梦"的战略构想，而夯实中华文化的根基，展示中华文化的精粹，张扬中华文化的辉煌，是建设社会主义文化强国的根本，也是奔向"两个一百年"奋斗目标和实现中华民族伟大复兴"中国梦"最为有效的途径。

内蒙古自治区多草原、山地、沙漠的自然环境特点，使得历史上遗留下来的大量文物古迹完整地保存至今。内蒙古文化遗产的特色与优势就是地下埋藏文物丰富，文化内涵深厚，草原特色鲜明。近期，内蒙古自治区党委、政府提出了"8337"的发展思路，将内蒙古自治区建设成"体现草原文化、独具北疆特色的旅游观光、休闲度假基地"作为文化发展的战略目标，其主旨就是要充分发掘文化资源，彰显内蒙古自治区突出的文化资源优势，丰富草原文化的内涵。而文化遗产则是草原文化的主要承载体，是草原文明最为形象直观的体现。所以，对内蒙古自治区文化遗产的深入发掘、研究与展示，是弘扬草原文化、传承草原文明、建设民族文化强区的实际需要。

中华民族文化是多民族文化碰撞、融和、升华的结果，草原文化是中华民族文化的重要组成部分，而文化遗产则是草原文化的精粹，也是草原文化的核心内容。因此，对草原文化遗产的深入发掘与研究，对于提升草原文化在中华民族文化中的历史地位具有重要的意义。中华民族素以"声色文物之邦"著称于世，具有悠久的历史与光辉灿烂的文化。中华文化的特点首先是连绵不断，其次是多元一体，再次是具有鲜明的民族特色。世界上没有任何一个国家像中国一样，具有自旧石器时代起，历经新石器时代、青铜时代、铁器时代、历史时期直至近现代这样一个衔接完整的历史发展脉络，更没有一个国家的文化像中国的文化一样包罗万象、博大精深、源远流长，这也是中华民族之所以屹立于世界民族之林的一个重要原因。内蒙古自治区位于蒙古高原的南端，是草原丝绸之路的主干线，东西文化碰撞、交流的枢纽地带，中华民族文化以此为平台，向周边地区传播，从而推动了世界文明的发展。所以，草原文化在构建中华民族多元一体文化格局的过程中具有重要的作用，而构成草原文化核心内容的就是这些丰富多彩的草原文化遗产，这是内蒙古自治区重要的文化资源，也是建设民族文化强区强大的"软实力"。

习近平总书记指出：宣传阐释中国特色，要讲清楚每个国家和民族的历史传统、文化积淀、基本国情不同，其发展道路必然有着自己的特色；讲清楚中华文化积淀着中华民族最深沉的精神追求，是中华民族生生不息、发展壮大的丰厚滋养；讲清楚中华优秀传统文化是中华民族的突出优势，是我们最深厚的文化软实力。这是对我们国家文化遗产保护事业高屋建瓴的一个总体要求。近年来，随着内蒙古田野考古工作的深入开展，广泛分布在蒙古草原地带的一些古代城址与墓葬逐渐地被揭露与发现，不同历史时期的文物精品大量破土面世，草原文化的研究进入了一个全新的历史阶段。在新的历史条件下，为了进一步繁荣发展内蒙古自治区的文化遗产保护事业，深入弘扬草原文化，针对内蒙古自治区文化遗产的分布状况与文化特点，我们编写了这套《内蒙古文化遗产丛书》，对内蒙古自治区境内的文化遗产进行深入的发掘、研究与展示，目的就是让这些埋藏在地下的文化遗产充分地"活"起来，以期讲好中国故事，传播好中国声音，为建设内蒙古文化强区尽绵薄之力。

《内蒙古文化遗产丛书》分为《呼和浩特文化遗产》、《包头文化遗产》、《乌海文化遗产》、《赤峰文化遗产》、《通辽文化遗产》、《呼伦贝尔文化遗产》、《鄂尔多斯文化遗产》、《乌兰察布文化遗产》、《巴彦淖尔文化遗产》、《兴安文化遗产》、《锡林郭勒文化遗产》、《阿拉善文化遗产》共12卷本，根据内蒙古自治区的行政区划按盟市为单位分别编写。所介绍的内容为传统意义上的物质文化遗产，空间范围以内蒙古自治区辖境为基本覆盖范围，时间范围为旧石器时代至近现代，具体为不同历史时期遗留下来的古遗址、古墓葬及相关文物，涵盖历史、文学、艺术、语言、宗教、哲学、教育、民俗诸多方面的内容。重点以各盟市所辖范围内的全国重点文物保护单位、自治区级重点文物保护单位和市县级重点文物保护单位为主，同时包括其他未定级别的文物遗址与重要的考古发现，并配以图片及相关佐证材料，力求客观真实。

本系列丛书为内蒙古自治区"草原英才"工程项目成果之一，同时也是献给内蒙古自治区文物考古研究所建所60周年的隆重大礼。我们力求通过本系列丛书将内蒙古自治区境内的文化遗产状况全面、系统、真实地反映出来，为建设发展的内蒙古、繁荣的内蒙古、文化的内蒙古贡献自己的一份力量。囿于编者的学识与水平，本系列丛书难免有这样或那样的不足之处，敬请各位读者批评指正。

内蒙古文化遗产概论

陈永志

内蒙古自治区地域辽阔，呈东北向西南斜伸的狭长形，总面积约118.3万平方公里。在漫长的地质历史演化的过程中，形成了高山、草地、平原、盆地、沙漠戈壁等复杂的自然环境风貌。这些复杂的自然环境，同时也造就了内蒙古地区多元化的人文环境风貌。从旧石器时代的"大窑人"，到新石器时代的"红山人"，再到青铜时代的"夏家店人"，一直到后来的北狄、匈奴、鲜卑、突厥、回鹘、契丹、女真、蒙古等民族，这些草原民族经过世代繁衍生息，交往融合，形成了雄厚的历史文化积淀，造就了博大精深的草原文化遗产。对这些草原文化遗产的突出普遍价值的正确认知，是深入发掘内蒙古自治区文化资源的需要，也是建设文化强区的必要保障。

一 内蒙古物质文化遗产概况

文化遗产包括遗存与遗物两大部分，主要涉及人类社会政治、经济、文化、军事、宗教等诸多方面。遗存主要有古

锡林郭勒盟金斯太旧石器时代洞穴遗址

城市遗址、古墓葬、古建筑等，还有长城、界壕、驿道等复合型的特殊遗址；遗物主要有金银器、青铜器、碑刻、岩画、货币、雕塑、陶瓷、丝织品等。目前已初步查明内蒙古自治区有各类文物遗址点2.1万余处，全国重点文物保护单位141处，自治区级重点文物保护单位319处，盟市旗县级别的重点文物保护单位700余处。这些珍贵的文化遗存，构成了草原文明的主体，展现出草原文化发展的完整脉络。

旧石器时代是草原文化的滥觞时期，位于中国北方的内蒙古自治区同样也是人类的重要起源地之一。目前为止，在内蒙古自治区发现的旧石器时代遗址就达三十余处，其中以呼和浩特东郊发现的大窑遗址、鄂尔多斯发现的萨拉乌苏遗址、锡林郭勒发现的金斯太洞穴遗址、呼伦贝尔发现的扎赉诺尔遗址最为典型。大窑遗址位于呼和浩特市大窑村南，以发现的旧石器制造场及四道沟典型的地层剖面为重要的考古学依据。第一层为表土层，形成于全新世；第二层为马兰黄土层，形成于晚更新世晚期；第三层为淡红色土层，形成于晚更新世早期；第四层至第七层为离石黄土层，形成于更新世中期。在第四层底部发现有肿骨鹿化石，还有远古人类打制的石片、刮削器、砍砸器、石刀和石核等石制品，其时代属于旧石器时代早期，距今约50万年。鄂尔多斯萨拉乌苏旧石器时代遗址，发现于1922年，其后经过多次调查，在此地相继发现了顶骨、额骨、枕骨、股骨、胫骨、腓骨19件化石。其中有六件人骨化石是从晚更新世原生地层里发现的，学术界命名为"萨拉乌苏文化"，属于旧石器时代晚期，距今5万至3.7万年。锡林郭勒盟东

赤峰市魏家窝铺红山文化遗址发掘现场

通辽市哈民遗址清理出土的半地穴房屋基址

乌珠穆沁旗金斯太洞穴遗址，发现了旧石器时代中期晚段到青铜时代的连续地层堆积。在旧石器时代地层中发现了人类用火遗迹，出土了大量的打制石器、细石器、晚更新世晚期的动物骨骼化石等珍贵遗存。经 ^{14}C 测定，距今约3.6万年。金斯太洞穴遗址的考古发现，对北方草原地区旧石器时代中晚期现代人的起源、迁徙、旧石器时代至新石器时代转变机制等方面的研究，都具有十分重大的意义。扎赉诺尔遗址发现于1927年，先后共发现15个个体的人头骨化石及其他化石。该遗址出土有石镞、刮削器、石片、石核等细石器，刀梗、锥、镖等骨器，并出土有夹砂粗陶器残片，同时出土有猛犸象、披毛犀等动物化石，是典型的中石器时代遗址，具体时代距今一万年左右。

在内蒙古自治区共发现新石器时代遗址两千余处，这些遗址主要分布在内蒙古东南部的西辽河流域及内蒙古中南部的黄河流域及环岱海地区。以赤峰红山命名的红山文化，是这一时期草原文化的核心。在内蒙古东部地区相继发现的兴隆洼文化、赵宝沟文化、富河文化、小河沿文化等一系列草原考古学文化，使得中华民族文化呈现出"多源辐辏"、"百花齐放"的繁荣局面。西辽河流域时代最早的新石器时代文化是敖汉旗的"兴隆洼文化"，其后是位于敖汉旗的"赵宝沟文化"和以赤峰红山后遗址为代表的"红山文化"以及以巴林左旗富河沟门聚落遗址为代表的"富河文化"。在通辽市科尔沁左翼中旗发现的哈民聚落遗址，是近期在内蒙古东北地区发现的较为重要的考古发现，被定名为"哈民文化"，也属于红山文化系列。这些考古学文化早到距今约8000年，晚到距今约4000年，以之字纹筒形罐、C形玉龙、楔形石粗为主要考古学文化特点。内蒙古中南部黄河流域及环岱海地区的新石器时代文化，主要属于中原地区的仰韶文化和龙山文化序列。最早的以凉城县王墓山遗址为代表的"王墓山下类型"，其年代大约距今6000年，属于仰韶文化晚期。其后有托克托县的"海生不浪文化"、包头市的"阿善二期文化"、察哈尔右翼前旗的"庙子沟文化"、凉城县的"老虎山文化"等，以彩陶钵、小口尖底瓶、双耳罐为主要考古学文化特点。

　　内蒙古地区发现的青铜时代遗址有七千余处，其中以夏家店下层文化、夏家店上层文化、大口二期文化和朱开沟文化为典型。夏家店下层文化发现于老哈河及大小凌河流域，以赤峰药王庙、夏家店、蜘蛛山、大甸子遗址，范杖子墓地为典型，其后又有赤峰三座店山城遗址、二道井子聚落遗址等重要考古发现。夏家店上层文化南边老哈河流域以宁城县南山根遗址为代表，北边西拉沐沦河流域以赤峰克什克腾旗龙头山遗址为典型，时间为夏、商至春秋时期。同一时期的考古学文化在赤峰地区还有"井沟子"、"铁匠沟"、"水泉"等文化类型。内蒙古中南部的青铜时代遗址，较为典

赤峰市三座店石城遗址

赤峰市二道井子遗址考古发掘现场

型的是准格尔旗大口村的"大口二期文化"和伊金霍洛旗的"朱开沟文化"。在朱开沟文化的第五段遗存内,发现鄂尔多斯式青铜戈,从而将鄂尔多斯式青铜器的时代上限上溯到二里冈上层文化时期,也就是商代早期。经过考古发掘证明,以"鄂尔多斯式青铜器"为代表的"朱开沟文化",是属于商周时期中国北方少数民族的文化遗存,其时代下限距今2500年左右。

秦汉、魏晋之际是中国历史上各民族走向大一统、大融合的重要历史阶段。秦汉王朝为稳定边疆统治,在内蒙古地区营建大小边疆城镇,并屯垦开发。初步统计,内蒙古地区有秦汉时期大小城镇多达四十余座,目前能够确定其地望的城址主要有以下几例:云中郡为托克托县古城村古城,沙陵县城址为托克托县哈拉板申村东古城,沙南县城址为准格尔旗十二连城域,偵陵县城址为托克托县章盖营子古城,北舆县城址为呼和浩特塔布陀罗海古城,阳原县城址为呼和浩特市郊八拜村古城,武泉县城址为卓资县三道营子村古城,五原郡治所为乌拉特前旗三顶帐房古城,临沃县城址为包头市麻池村古城,定襄郡治所成乐城为和林格尔县土城子古城,桐过县城址为清水河县上城湾古城,安陶县城址为呼和浩特市郊陶卜齐古城,武城县城址为和林格尔县榆林城古城,临戎县城址为磴口县补隆淖乡河拐子古城,窳浑县城址为磴口县沙金陶海保尔浩特古城,朔方郡治所三封县城为磴口县陶升井古城,美稷县城址为准格尔旗纳林镇古城,广衍县城址为准格尔旗瓦尔吐沟古城,沃阳县城址为凉城县双古城古城,右北平郡治所平刚县城为宁城县甸子乡黑城古城。这些秦汉时期城市遗址在魏晋南北朝时期继续沿用，成为鲜卑族南迁汉化的重要跳板。其中拓跋鲜卑南下建立的第一座都城盛乐城在今天的和林格尔县土城子古城，是内蒙古中南部最大的城市遗址，而北魏云中宫所在地就在今托克托县古城村古城。围绕着这两座古城，还分布有北魏重要的军事重镇，其中的沃野镇城址为乌拉特前旗苏独仑乡根子场古城，怀朔镇城址为固阳县城库伦古城，武川镇城址为武川旦乌兰不浪乡土城梁古城，抚冥镇城址为四子王旗库图城卜子古城，柔玄镇城址为察哈尔右翼后旗白音查干古城。目前在内蒙古地区共发现有秦汉魏晋时期的文物遗址多达三千余处，东西分布众多的城市遗址是这一特殊历史时期古代内蒙古地区多民族文化碰撞、融合、升华的实物见证。

内蒙古隋唐时期的文物遗址较少，目前初步统计有三百余处，这些文物遗迹也主要以城市遗址为主，目前能够认定其性质的主要有以下几例：隋代朔方郡长泽县城址为鄂托克前旗城川古城，榆林郡治所胜州城址为准格尔旗十二连城，富昌县城址为准格尔旗天顺圪梁古城，金河县城址为托克托县七星湖村古城，五原郡治所丰州城为乌拉特前旗东土城村古城。唐王朝为了加强对北方边疆地带的控制，实行节度使与羁縻州制度，内蒙古地区唐代的城镇多属于羁縻州府。其中振武节度使与单于都护府同驻一城，城址在今和林格尔县土城子古城，东受降城在今托克托县的大皇城古城，胜州城址在今准格尔旗十二连城古城，河滨县城址在今准格尔旗天顺圪梁古城，长泽县城

呼和浩特市和林格尔盛乐古城遗址发掘清理的汉代砖室墓

呼和浩特市和林格尔汉墓壁画——庄园图

在今鄂托克前旗城川古城，白池县城址在今鄂托克前旗二道川的大池古城，天德军城址在今乌拉特前旗陈二壕古城，中受降城址在今包头市傲陶窑子古城，兰池都督府城址在今鄂托克前旗三段地乡的巴拉庙古城，饶乐都督府城址在今林西县樱桃沟古城。这些隋唐时期的城址，大部分保存完好，城内遗迹丰富，出土文物精美。

辽金元时期内蒙古地区的文物遗址最为丰富，多达1.1万余处。这些文物遗址规模宏大，种类庞杂，精品众多，在世界文明史上具有重要的历史地位。位于内蒙古东部的赤峰市辖区，历史上是辽王朝的京畿地区，契丹人的政治中心。在这一地区分布有辽上京、辽中京两大都城，还分布有辽祖陵、辽怀陵、辽庆陵三大皇族陵寝。在辽代，中国北方草原地带开始了大规模的城市建设，据《辽史》记载，辽朝有"京五、府六、州军城百五十六、县二百有九"。目前能够确认的辽代城市遗址有两百余座，其中最为著名的上京临潢府城址在今巴林左旗林东镇，中京大定府城址在今宁城县大明城。除辽代京城以外，还有一些著名的州县城，如龙化州城址为今奈曼旗孟家段古城，永州城址为今翁牛特旗白音他拉古城，武安州城址为今敖汉旗丰收乡白塔子古城，丰州城址在今呼和浩特白塔古城，祖州城址在今巴林左旗石房子古城，庆州城址在今巴林右旗索博力嘎古城，通化州城址在今陈巴尔虎旗浩特陶海古城等。金代城址也多沿用辽代城址，其中北京路城址为今宁城县大明城，武平县城址在今敖汉旗白塔子古城，临满府路城址在今巴林左旗林东镇南古城，长泰县城址在今巴林左旗十三敖包乡古城，西京路所属丰州城址在今呼和浩特市东白塔古城，东胜州城址在今托克托县的大皇城和小皇城，宁边州城址在今清水河县下城湾古城，净州城址在今四子王旗吉生太乡城卜子古城，桓州城址在今正蓝旗四郎城古城，集宁县城址在今察哈尔右翼前旗巴彦塔拉乡土城子古城，振武镇城址在今和林格尔土城子古城，宣宁县城址在今凉城县淤泥滩古城，天成县城址为今凉城县天成村古城等。金代的城市一般年代跨度较小，规模不显，但同样也被后来的元朝沿用与开发。古代的内蒙古地区是元朝的肇兴之地，此地建有元朝的开国之都——元上都，还分布有一系列的路府州县城市，文物遗迹丰富。世界著名的元上都城址位于今正蓝旗五一牧场内，城垣面积达四平方公里之多，是当时国际性的大都会。以元上都城址为中心，元代的城市遗址可以说是星罗棋布。成吉思汗母亲月伦太后和幼弟斡赤斤在其封地内兴筑的城郭位于今鄂温克族自治旗辉苏木巴彦乌拉古城，成吉思汗二弟哈撒儿在其封地内兴筑的城郭为今额尔古纳右旗黑山头古城，汪古部兴建的德宁路古城为在今达尔罕茂明安联合旗敖伦苏

赤峰市辽代上京城皇城内清理的塔基遗址

通辽市辽陈国公主墓发掘现场

木古城，元代砂井总管府城址为今四子王旗红格尔苏木大庙古城，元代集宁路城址在今察哈尔右翼前旗巴彦塔拉乡土城子古城，净州路城址在今四子王旗吉生太乡城卜子古城，弘吉剌部在其封地内兴筑的应昌路城址为今克什克腾旗达尔罕苏木鲁王城，全宁路城址为今翁牛特旗乌丹镇西门外古城，亦乞列思部兴建的宁昌路城址在今敖汉旗五十家子村，上都路下属的桓州城址为今正蓝旗四郎城，松州城址在今赤峰市红山区西八家古城，兴和路下属的威宁县城址在今兴和县台基庙古城，丰州城址在今呼和浩特市东白塔古城，云内州城址在今托克托县西白塔古城，东胜州城址在今托克托县大皇城，红城屯田所在今和林格尔县小红城古城，大宁路城址在今宁城县大明城，高州城址在今赤峰市松山区哈拉木头古城，兀剌海路城址在今乌拉特中旗新忍热古城，亦集乃路城址为今额济纳旗黑城。这些元代城市遗址呈扇形分布在中国北方的内蒙古草原地带，构成了规模宏大而又自成体系的文化遗产景观，是草原丝绸之路上的重要城市遗址，也是内蒙古自治区文化遗产的核心所在。

二 内蒙古文化遗产资源的特色与优势

内蒙古自治区地域辽阔，多山地、草原、沙漠的自然环境特点，加之人为干扰较少，使得地上、地下文化遗存大部分得以完整地保存下来。所以，内蒙古自治区文化遗产最大的特点是保存完整、种类丰富、精品辈出。特别是近几年，内蒙古自治区重要考古发现不断出现，文化遗产保护事业成绩斐然，现已形成具有民族与地域特色的文化遗产体系，彰显内蒙古自治区文化发展的强势与巨大的潜力。

1972年，在盛乐古城南发现的小板申东汉壁画墓，发现保存完好的壁画56组，57幅，榜题250条，是目前研究东汉庄园制度最为完整的实物资料。1986年，在通辽奈曼旗青龙山发掘的辽陈国公主墓，出土三千多件（组）金、银、玉质地的珍贵文物，

赤峰市耶律羽之墓耳室墓门

赤峰市宝山辽墓壁画《寄锦图》

其中金属面具、银丝网络以及璎珞、琥珀饰件堪称辽代文物之奇珍。辽陈国公主墓的考古发掘，被评为"七五"期间全国重要考古发现。1992年，在赤峰阿鲁科尔沁旗发掘的耶律羽之墓，墓内出土了大量金银器皿及五代时期的珍贵瓷器，其中孝子图纹鎏金银壶、盘口穿带白瓷瓶最为名贵。1994年，赤峰阿鲁科尔沁旗发现一座辽代贵族墓葬，墓室内发现了大面积精美的壁画，主要有《贵妃调鹦图》、《织锦回文图》、《高逸图》、《降真图》，壁画题材丰富，对于研究辽代的绘画艺术提供了弥足珍贵的实物资料。2003年，在通辽吐尔基山再次发现一座保存完好的辽代贵族墓葬，墓内出土有精美的彩绘木棺，棺内墓主人身着十层华丽的丝织衣物，伴出有金牌饰、金耳饰、金手镯及成串铜铃等，另外还发现有鎏金铜铎、银角号、包金银马具等大批珍贵文物，显示了辽文化的繁荣与昌盛。上述三项辽代重要的考古发掘，分别被评为1992年、1994年和2003年度的"全国十大考古新发现"。

2003年，位于乌兰察布市察哈尔右翼前旗集宁路古城，发现了一处完整的市肆遗迹及四十余处器物窖藏，出土了釉里红玉壶春瓶、青花高足碗、卵白釉"枢府"铭盘、青釉龟形砚滴、青釉荷叶盖罐、月白釉香炉等珍贵瓷器三百余件，其他瓷器标本上万件。由此，集宁路古城遗址被评为2003年度"全国十大考古新发现"。另外，内蒙古文物工作者还对元上都遗址进行了大规模的考古勘探与发掘。发掘清理了御天门、大安阁、穆清阁等重要文物遗迹，真实地再现了元代皇城的宏伟规模，极大地彰

通辽市吐尔基山辽墓主墓室

显了元上都遗址的突出价值。鉴于元上都的特殊历史地位，联合国教科文组织于2012年将其列入世界文化遗产名录——这是内蒙古自治区第一个世界文化遗产。

2009年，赤峰市二道井子夏家店下层文化遗址的考古发掘，揭露面积3500平方米，清理房屋、窖穴、灰坑、墓葬、城墙等遗迹单位近三百处，出土各类文物近千件，该遗址被评为中国社会科学院2009年度"中国六大考古新发现"和2009年度"全国十大考古新发现"。2010年，内蒙古自治区文物考古研究所在通辽市科尔沁左翼中旗舍伯吐镇哈民芒哈发现了一处距今约5500年前的大型史前聚落遗址。共清理出房址43座，墓葬6座，灰坑33座，环壕1条。出土陶器、石器、骨器、蚌器、玉器等文物近千件。特别重要的是，发现了保存完好的半地穴式房屋顶部的木质构架结构痕迹，为近年来东北地区史前考古的重大发现。哈民遗址的考古发掘由此被评为中国社会科学院2011年度"中国六大考古新发现"和2011年度"全国十大考古新发现"。

内蒙古自治区也是我国古代岩画资源最为富集的地区。在锡林郭勒盟、乌兰察布市、巴彦淖尔市、阿拉善盟、乌海市等地，发现古代岩画十万余幅，以阴山岩画、曼德拉山岩画、乌兰察布岩画、桌子山岩画最为典型，时代纵跨上万年。这些岩画以古阴山山脉为中心，东西横亘几千公里，堪称世界上最长的、内容最为丰富的古代艺术画廊。长城是集系统性、综合性、群组性于一身具有突出普遍价值的世界文化遗产，它是当今世界上保存最长、辐射面最广、影响最为深远的文化线路。在内蒙古自治区

乌兰察布市集宁路古城清理出的市肆大街遗址

境内共分布有战国燕、战国赵、战国秦、秦代、西汉、东汉、北魏、隋代、北宋、金代、西夏、明代修筑的长城。这些长城分布于全区12个盟市的76个旗县，总计长度达约7570公里，单体建筑、关堡和相关遗存总数达九千六百余处。内蒙古自治区的长城资源总量，占到了全国长城资源总量的三分之一，无论是时代之多还是体量之大，在全国16个有长城分布的省、自治区、直辖市中，都是位居第一。

与考古发现相辅相成的是一大批珍贵文物的出土。目前全区共有馆藏文物50万件（组），其中国家一级文物1790件，二级文物4050件，三级文物6545件。这些文物时代特征鲜明，民族特色浓郁，是内蒙古自治区重要的文化资源。在内蒙古赤峰地区发现的红山文化碧玉龙，堪称"中华之最"，中华文明的曙光。鄂尔多斯市霍洛柴登出土的匈奴王鹰形金冠饰、虎牛咬斗纹金带饰等珍贵文物，是匈奴贵族单于王的重要遗物。乌兰察布市发现的"虎噬鹰"格里芬金牌饰、金项圈，象征着匈奴王权的尊贵与威严。呼伦贝尔市、通辽市、乌兰察布市等地发现的"叠兽纹"、"三鹿纹"金牌饰以及其他的金冠饰、金带饰等文物，都是鲜卑贵族使用的代表性装饰品。赤峰市喀喇沁旗出土的双鱼龙纹银盘、鱼龙纹银壶、波斯银壶，是唐代"草原丝绸之路"上发现的一批重要文物。辽代陈国公主墓出土的黄金面具、龙凤形玉配饰，耶律羽之墓出土的褐釉鸡冠壶、双耳穿带瓶，吐尔基山辽墓出土的彩绘木棺、鎏金宝石镜盒以及造型各异的瓷器、金器、玉器及装饰奢华的马具等，是辽代文物的精品。元上都遗址出土的汉白玉龙纹角柱与柱础，再现了元代皇家宫城建筑的华丽与辉煌的气势。金马鞍是体现蒙古族游牧与丧葬风俗的绝品文物，具有游牧民族"四时迁徙，鞍马为家"的文化特点，又是蒙古贵族"秘葬"风俗习惯的真实反映。而八思巴字的圣旨令牌，是代表元朝皇权的典型文物，既是传达皇帝圣旨与政令的信物，也是蒙元时期军政合一的政治体制特点与国家驿站制度的综合体现。元代瓷器类文物首推青花、釉里红瓷器，其中以包头燕家梁出土的青花大罐，集宁路出土的青花梨形壶、釉里红玉壶春瓶最为珍贵。这些林林总总的文化遗产是内蒙古自治区珍贵的文化资源，是草原文明的主要实物载体，也是草原文化薪火相传的重要实物例证。

三 充分发掘草原文化遗产的重要意义

目前，内蒙古自治区文化遗产保护事业蓬勃发展，取得了累累硕果。重要的考古发现层出不穷，学术研究成果斐然，有力地保障了内蒙古自治区文化事业的健康发展。文化遗产日益成为促进经济社会和谐发展的重要因素，在弘扬中华传统文化、增

锡林郭勒盟元上都古城穆清阁遗址

强国民凝聚力和向心力、建设社会主义和谐社会等方面发挥着不可替代的重要作用。

首先，文化遗产的发掘研究夯实了草原文化研究的理论基础。内蒙古地区的一系列重大考古发现，极大地丰富了草原考古学文化的内涵。如通过对内蒙古呼和浩特东郊大窑旧石器遗址的考古发掘，发现属于旧石器文化的石器制造场与其他的人类遗迹，相当于北京周口店第一地点的文化面貌，将内蒙古地区人类的历史提升到了50万年；再如红山文化遗址及典型文物碧玉龙的发现，堪称中国第一缕文明的曙光。红山诸文化考古序列的确立，如同中原地区第一次从地层上明确划定了仰韶文化、龙山文化、商文化的时间序列的意义一样，将中国文明的历史从发端到发展的历史脉络勾勒得一清二楚，填补了中国考古学文化的空白，极大地完善了草原文化研究的序列与谱系。

其次，对文化遗产的发掘研究，关系到"两个一百年"奋斗目标和中华民族伟大复兴"中国梦"的实现，也是提高国家文化软实力、建设文化强区的时代需要。文化遗产是一个时代、一个民族文化与文明的物化遗留，是民族文化的精粹，是人们唯一能够看得到、摸得着的文化实体，具有无可比拟的感召力与影响力，也是人类社会可持续发展的重要因子。因此，文化遗产也是人类社会重要的文化资源，对其进行深入

阿拉善盟曼德拉山岩画《狩猎图》

的发掘研究，既是对优秀民族文化的继承与认知，也是为建设文化强区提供精神动力与智力支持。所以，将丰富的文化遗产资源优势转化为强大的发展优势和发展动力，在文化建设上实现新的跨越，这也是提升国家文化软实力、建设文化强区的迫切需要。

再次，对文化遗产的发掘研究，是让文化资源惠及民众的必然要求及有效途径，也是文化大发展、大繁荣的时代需要。文化遗产是国家重要的文化资源，承载的信息量丰富，知名度高，对社会的影响巨大，是丰富人民精神世界、增强人民精神力量的重要介质。人民群众是文化遗产的所有者、鉴赏者和传承者，文化遗产保护必须依靠人民群众，文化遗产保护成果也必须惠及社会，融入社会，为民造福。文化遗产是中华民族文化的结晶，也是中华民族多元一体文化格局的实物见证。弘扬社会主义先进文化，增强全民族文化创造活力，推动文化事业全面繁荣发展，这就是我们实现文化遗产价值的现实需要，也是我们要保护、弘扬文化遗产的根本目的。

兴安盟文化遗产综述

高国庆

兴安盟因地处大兴安岭中段而得名。"兴安"为满语，汉语意为"丘陵"。因大兴安岭山势较缓，主脉山峰与山麓地带相对高度亦不甚大，故满语称之为"兴安"。

兴安盟位于内蒙古自治区东北部，地处大兴安岭向松嫩平原过渡带，东北、东南分别与黑龙江、吉林两省毗邻；南部、西部、北部分别与通辽市、锡林郭勒盟和呼伦贝尔市相连；西北部与蒙古国接壤，国境线长126公里。设有中国阿尔山—蒙古松贝尔国际季节性开放口岸。兴安盟在国内处于东北经济区，在国际上处于东北亚经济圈，地理位置优越。总面积59806平方公里。全盟辖65个乡镇苏木级单位，生活着蒙古、汉、满、朝鲜、达斡尔等22个民族，近168万人。少数民族人口占47%，其中蒙古族人口占42.1%，是全国蒙古族人口比例较高地区。1980年兴安盟恢复盟建制，现辖两市（乌兰浩特市、阿尔山市）三旗（科尔沁右翼前旗、科尔沁右翼中旗、扎赉特旗）一县（突泉县），其中，科尔沁右翼前旗和阿尔山市为边境旗市，乌兰浩特市为盟委行署所在地。

一　兴安盟自然环境概况

兴安盟地处大兴安岭中段，属中低山丘陵区。由西北向东南分为四个地貌类型：中山地带、低山地带、丘陵地带和平原地带，海拔高度150～1800米。南北长380公里，东西宽320公里。山地和丘陵占95%左右，平原占5%左右。与地貌特征相关，经济区划大致分为林区、牧区、半农半牧区和农区。林区主要集中在大兴安岭主脊线的中山地带，有7000多平方公里。牧区主要集中在乌兰毛都低山地带，有8000多平方公里。半农半牧区和农区分布在低山丘陵和平原地带，有45000多平方公里。

兴安盟处于温带大陆性季风气候区，立体气候特征明显，四季分明，地区差异显著。春季干旱多风，气温回升快，日较差也大。夏季温热短促，全盟大部地区夏季为2个月左右，西北部中山区则春秋相连，无夏季。全年最高气温出现在7月。秋季气温急剧下降，秋霜早。冬季严寒漫长，全盟大部地区为5～6个月，西北部林区长达7个月。全年最低气温出现在1月。年平均气温大部地区为4～6℃，西北部林区为−3.2℃。全年无霜期大部地区为120～140天，岭西北为51天。光照充足，光能资源丰富，全年太阳总辐射量大部地区为5500~6600兆焦耳／平方米。年降水量多年平均值在373~467毫米之间，降水年际变率大，保证率低。年降水量的78%左右集中在6~8月。总体来看，兴安盟的自然环境状况主要有如下特点：

首先，生态地位重要。位于嫩江、松花江流域和科尔沁沙地源头，是大兴安岭林海的重要组成部分。可利用草原面积3900万亩、森林面积2400万亩、可利用荒漠化土地面积2000万亩，生态服务价值、碳汇功能潜力巨大，是东北地区重要的生态功能区和生态服务区。原生态旅游资源得天独厚。有各级各类自然保护区10个，总面积1000多万亩。特别是阿尔山地区集国家地质公园、国家森林公园于一身，拥有温泉、湿地、火山、冰雪、森林、草原等自然景观，是典型的生态文明体验区。其次，农牧业发展条件较好。雨热同期，四季分明，是世界公认的"玉米黄金种植带"和"最佳养牛带"。耕地面积1200万亩，粮食年产量稳定在50亿斤以上，牲畜存栏820万头只。再次，交通区位优势明显。周边400公里范围内有一盟两市三省一国，靠近东北市场，位于黑吉辽三省区的扇形中心，是东北地区乃至东北亚地区连接俄蒙的重要经济通道。目前虽然已基本形成公路、铁路、航空立体交通网络，但通道基础设施条件仍需进一步改善提升。跨区域配置资源便利。地处大兴安岭成矿带核心区，以有色金属资源为主，地下蕴藏铅、锌、铜、镁、铁等资源；在经济运输半径内，由周边的蒙古国和呼伦贝尔、锡林郭勒、通辽等地构成一个煤炭资源富集圈。还有，水资源丰富。境内共有大小河流200多条。两条最大的河流——绰尔河、洮儿河的多年平均流量达38亿立方米。绰尔河是嫩江右岸一级支流，干流全长501.7公里，流域呈窄条形，面积1.72万平方公里。上游流经林区，土壤保水性好；下游流注于农业区，灌溉条件优越。发源于内蒙古牙克石市大兴安岭主山脉的石门子附近，东南流至兴安盟扎赉特旗进入平原区，河道宽展，水流缓慢，到泰来县境内注入江桥嫩江。洮儿河是嫩江右岸最大支流。位于兴安盟境内与吉林省西北部。源出内蒙古大兴安岭阿尔山东南麓高岳山白狼林业局九道沟。由10条大小不一的小河汇集而成。东南流经科尔沁右翼前旗、乌兰浩特市、洮南市、镇赉县，在大安市北部注入月亮泡，再流入嫩江。长553公里，流域面积3.08万平方公里。由西北向东南流至乌兰浩特汇集归流河，至吉林省洮南市转向东北流入嫩江。

此外兴安盟境内河流，由于流域植被好，含沙量小、河水透明清澈，水质好，适于人畜饮用和灌溉。水库25座，总库容19亿立方米，水资源总量50亿立方米，居自治区第二位，是东北地区的"水龙头"，具备水煤组合、发展新型煤化工和新型能源的独特优势。

二 兴安盟历史简述

兴安盟历史源远流长，早在新石器时代晚期，兴安盟地域就有原始人类栖息活动。

据考古研究资料显示，在今流经兴安盟的霍林河两岸的高岗、沙丘、台地上，大都有古人类生活活动的遗迹[1]。

春秋战国时期到秦代，是东胡人的游牧之地。汉、魏、晋时期为鲜卑属地。据张穆在《蒙古游牧记》[2]中记载，认为兴安盟科尔沁右翼中旗境内的哈古勒河（今霍林河）流域的蒙格罕山（亦称鲜卑山）为东部鲜卑发祥地[3]。霍林河《魏书·失韦传》称作"啜水"，《旧唐书·室韦传》称"啜河"俗称"燕支河"，《辽史·营卫志·部族下》记载为"赫里河"，《金史·地理志》称为"鹤午河"，《蒙古游牧记》称为"哈古勒河"，又称"嵩尔河"、"合河"、"沙河"等。《大清一统舆图》及《大清内务府一统舆地秘图》把"嵩尔河"注于霍林河上游，说明清朝时只称其上游为"嵩尔河"。"沙河"主要是指霍林河下游，流经科尔沁沙漠地带的河段，由此而得名。

鲜卑族是我国东北古代三大族系之一的东胡族的后裔。鲜卑一词系东胡语，即瑞祥之意。西汉初年匈奴冒顿单于破东胡，东胡一支退保鲜卑山，一支退保乌桓山，各自以山名号。退保鲜卑山的这一部分，既演化成了东部鲜卑。东汉光武帝时，南北匈奴因相互争斗而日渐没落，东部鲜卑得以进入西拉木伦河流域。汉和帝永元元年（公元89年），窦宪派耿夔击破匈奴，单于远遁，东部鲜卑西迁占其故地，其时匈奴余种尚有十万，皆自号鲜卑。所以，遗留匈奴也是檀石槐鲜卑的组成之一。后来，联盟瓦解，东部鲜卑退保辽东，再后又分解为宇文、慕容和段氏三部。

南北朝时期为突厥属地，突厥酋长图门建立突厥汗国后，兴安盟地区属突厥汗国东界一部分。隋开皇三年（583年）隋文帝杨坚打败突厥汗国，突厥汗国遂分为东西突厥二部，又归入东突厥一部分。唐贞观四年（630年）唐太宗李世民平定侵扰唐边的东突厥，遂被纳入唐朝版图。唐贞观二十二年（648年）唐置松漠都督府，今兴安盟地区为松漠都督府霫族地。

辽代，为上京道临潢府辖地。辽大同元年（947年），在今乌兰浩特市境内公主岭1号古城设金山县[4]，辖索岳尔济山以南地区。辽代亦称大兴安岭为金山。辽天庆六年（1116年），金山县升为静州，系上京道西北部9个"边防城"之一。《辽史·地理志》边防城条载："静州，本泰州之金山，天庆六年升"[5]，明确指出，天庆六年前金山县在行政上曾属泰州管辖，并且是辽代的边防城。《辽史·地理志》泰州条下的属县内不载金山县，是因为天庆六年升州的缘故。黄斌先生据历史记载和考古发现资料结合考证，认为今兴安盟突泉县境内的双城城址为辽代"四季捺钵"之"春捺钵"的必经之地和驻跸地[6]。据《辽史》诸帝本纪记载，自圣宗以后，直到天祚帝，经常在每年正月至三月间，到泰州、长春州境内的长春河、鱼儿泺、鸭子河、混同江等地进行春猎。而这里所记载的地名分别是：长春河为今兴安盟境内的洮尔河，鱼儿泺为今白城境内的月亮湖，鸭子河为今第一松花江，辽圣宗太平四年（1024年）后改鸭子河为混同江，长春州为今白城市境内的四家子古城。另外，位于科尔沁右翼中旗吐列毛都镇罕查干嘎查罕查干艾里北3公里处的巴日哈达洞壁题记中，有两处极为重要的记载。其中有涉及准确纪年的为汉文与契丹文对译的"大康三年四月十三日"一行字样。"大康"是辽道宗耶律洪基的年号，大康三年为公元1077年，应是题记书写的时间。据《辽史》记载："大康三年（1077年），辽道宗耶律洪基在春捺钵中，加封东北路统军使萧韩家奴加尚父封吴王。同时，诏北院枢密使魏王耶律乙辛同母兄大奴。同母弟阿思世预北、南枢密之选，其异母诸弟世预夷离堇之选"。据此可以看出，辽道宗耶律洪基曾到过春捺钵之地，而摩崖题记的内容极有可能与本次封赏有关。 还有一处涉及具体地理位置，也为汉文和契丹文字书写，内容为"大今（金）国女（女真族）春州北七十里"。此题记所在地与双城古城遗址相距，恰如题记所言。

金代兴安盟地区归东北路招讨司统辖。在金初承安三年前，金山县仍为金代东北路一个重要边防城。《金史·宗浩传》载："初，朝廷置东北路招讨司，泰州去境三百里，每敌入，比出兵进袭，敌已遁去。至是宗浩奏徙之金山，以居要害，设副招讨司二员，置左右，由是敌不敢犯"[7]。金山，即辽代金山县，即上述的乌兰浩特市公主岭1号古城遗址。东北路招讨司移镇于金山，扼守冲要，使金朝东北路防务得到了暂时的巩固。金天会初年降金的乌古、敌烈部族被安置在科尔沁右翼中旗一带，而科尔沁右翼中旗吐列毛杜古城遗址可能为金初所设的乌古敌烈统军司治所。

12世纪末至13世纪初，洮尔河流域是弘吉刺部的分支山只昆（撒勒只兀惕）和合底忻（合答斤）部牧地。蒙古汗国建立后不久，成吉思汗便将部分蒙古人户分封给自己的弟弟和儿子们，划分领地作为牧场，今兴安盟地区的洮儿河、归流河流域，又被分封给斡赤斤家族做为领地。元代，初为辽阳行中书省辖地[8]，由于战略位置极为重要而划入中书省。

明代，现兴安盟境为泰宁卫辖境。明万历年间（1573～1620年），哈布图·哈萨尔第十五孙奎蒙克塔斯哈喇的儿子博第达喇一系陆续南迁，绰尔河、归流河、洮儿河流域成为科尔沁部落的发祥地之一。

后金时期，为解除察哈尔部的威胁，科尔沁部首领奥巴率部依附后金，与努尔哈赤结盟。清崇德元年（1636年），置科尔沁右翼前旗（亦称札萨克图郡王旗）、科尔沁右翼中旗（亦称图什业图亲王旗）、科尔沁右翼后旗（亦称镇国公旗）。顺治五年（1648年），置扎赉特旗。为嫩江科尔沁十旗中的四个旗，均属哲里木盟所辖。盟、旗隶属于清廷理藩院。科尔沁三旗政务受京师将军监督，扎赉特旗政务受黑龙江将军监督。民国时期，延续了蒙古王公制度，盟旗事物由蒙藏事务局管理。

1931年"九·一八"事变以后，日本帝国主义侵占中国东北和内蒙古东部地区，兴安盟地区划入伪满洲国统治。1932至1933年伪满洲国先后设立兴安南、东、北、西四个分省，1934年升格为四省。1943年成立兴安总省，省会王爷庙街，管辖原兴安东、南、西、北四省行政区域，全省总面积433920平方公里。1946年1月16日，兴安盟成立，辖科尔沁右翼前旗、科尔沁右翼中旗、科尔沁右翼后旗、喜扎嘎尔旗、扎赉特旗和王爷庙（今乌兰浩特）街。兴安盟隶于同时成立的东蒙自治政府。1947年5月1日，内蒙古自治政府成立，兴安盟隶属于内蒙古自治政府。1952年，内蒙古成立东部区行政公署，驻乌兰浩特市。1954年，兴安盟建制撤销，原兴安盟所辖地区与呼伦贝尔纳文慕仁盟合并为呼伦贝尔盟。1980年7月26日，国务院批准恢复兴安盟建制，辖科尔沁右翼前旗、科尔沁右翼中旗、扎赉特旗、突泉县和乌兰浩特市。1992年12月5日，经内蒙古自治区人民政府批准，以原科尔沁右翼前旗阿尔山镇为基础，成立阿尔山经济开发区。

三 兴安盟文物考古事业的发展

兴安盟文物资源较为丰富，但是文物考古事业发展起步较晚，基础研究力量薄弱，前人发掘研究过的地下遗存为数不多。以时间划分，由于兴安盟行政区划几经变更，地域又靠近东北，20世纪六七十年代主要以吉林省文物工作部门所做研究为主。90年代以后，在内蒙古文物考古研究所及内蒙古博物院的大力支持下，兴安盟的文物考古事业有了新的发展，研究性作品相继发表，研究领域也大为拓展。以研究内容及文物分布地域划分，兴安盟主要以辽金元时期遗迹较多，并分布于全盟各个旗县市，尤以科尔沁右翼中旗最为丰富。迄今为止，兴安盟境内还未发现旧石器时代遗存。新石器时代遗址，目前发现有16处。主要分布在科尔沁右翼中旗中、南部，石器多数经过磨制，并发现数量较多的细石器。位于科尔沁右翼中旗巴彦忙哈苏木所在地西约8公里的哈尔沁新石器时代遗址[9]，是兴安盟境内首次发掘的新石器时代遗存。其文化内涵与通辽市哈民忙哈遗址有一些共同特征，如陶器器形均以筒形罐、钵、小口双耳壶为主，且形制相近。在纹饰上均出土有麻点纹筒形罐和钵，发现的房址形制及出土的石器也接近。科尔沁右翼中旗嘎查营子遗址也与这两处遗址较为相近[10]，三者应同属一个时代，均属红山文化晚期遗存。由于兴安盟地区新石器时代遗存，过去仅有少量的调查材料，考古学文化面貌很不清晰，考古学文化谱系还未得以建立。

战国秦汉时期，出现在内蒙古草原上的民族是匈奴和东胡。匈奴占据了蒙古草原的西部，东胡则出没于东部大兴安岭前后的广袤地域。到了西汉末年，鲜卑族强大起来，在兴安盟境内的主要活动区域在中旗霍林河流域。科尔沁右翼中旗吐列毛杜镇北玛尼吐村西有一处鲜卑墓葬，距霍林河只有1华里。位于南北长200米，东西宽90米的半流动沙丘中。共发现26座，均为长方形单人葬土坑墓。这批墓葬出土了陶、铁、骨、铜、金银器等八类近200件文物。所葬器物都是实用器，陶罐均有烟痕，为死者生前所用[11]。其所葬器物有些许匈奴文化特征。内蒙古科左中旗六家子鲜卑墓群[12]以及通辽境内出土的一些鲜卑遗物[13]等，都有与北玛尼吐有共同特征的陶器。通过比较分析发现，科尔沁右翼中旗北玛尼吐鲜卑墓群的时代上线大概在东汉初期。这也表明东汉时期活跃在兴安盟地区的主要民族为鲜卑族，他们以游牧骑射为特长，同时也有了农业生产和手工业。特别是铁器的大量使用，说明了生产力有了一定的发展。

辽金时期的遗址、城址、墓葬、题记等在兴安盟分布广泛，文化内涵丰富。其中已经调查或发掘过的较有代表性的有：乌兰浩特市前公主岭一、二号古城遗址[14]；科尔沁右翼前旗白辛屯古墓古城遗址[15]；突泉县双城古城遗址；科尔沁右翼中旗代钦塔拉辽墓[16]；科尔沁右翼中旗吐列毛杜一、二号城址；科尔沁右翼中旗巴日哈达洞壁题记[17]等，这些遗存大多已经发表过相关的研究性文章。

兴安盟境内的金界壕自东北向西南贯穿全盟，总长713公里，沿线有马面1214座、边堡73座、烽火台5座。经全国长城资源调查发现，兴安盟境内的金界壕可分为五条线路，即漠南线、岭南线、主线、岭南线东支线和岭南线西支线。

在兴安盟地区已发现的元代遗存为数不多，但出土文物不乏精品。1992年，在乌兰浩特市西白音城址元代窖藏中出土一件碧玉盘和多件元代瓷器。瓷器为江西景德镇窑和山西霍窑制品，器形有盘、碗和高足杯，装饰技法有卵白釉堆花五彩、卵白釉划花、青白釉划花、白釉印花等。其中的卵白釉堆花五彩描金花卉纹高足杯和青花貘纹碗十分珍贵[18]。另外，科尔沁右翼前旗索伦镇附近出土的元代八思巴文圣旨金牌、科尔沁右翼中旗境内出土的元代天字拾二号夜巡铜牌及胡迪谋克之印等都代表着兴安盟深厚的蒙元时期历史文化[19]。

明代，兴安盟地区属兀良哈三卫（泰宁、福余、朵颜）之一的泰宁卫管辖[20]。但未发现这一时期较有价值的遗存或遗物。有些本地区蒙古族历史学者认为[21]，位于兴安盟扎赉特旗音德尔镇北部70公里处的大神山础伦浩特遗址有作为明代泰宁卫卫所的可能性。2012年5月，兴安盟博物馆会同扎赉特旗文物管理所踏查了该遗址。但未发现能确定遗存时代上限的遗物。

清代，兴安盟地区的科尔沁右翼前旗为清代札萨克图郡王旗，科尔沁右翼中旗为清代图什业图亲王旗。康熙四十九年（1710年）始设盟建制，将嫩江科尔沁的图什业图、札萨克图、苏鄂公、扎赉特、杜尔伯特、达尔罕、博多勒噶台、宾图、前郭尔罗斯、后郭尔罗斯等四部十旗，总面积近四十万平方公里的蒙古领地划分为一个盟，实行行政统治。因首次会盟于图什业图旗（今科尔沁右翼中旗）北部的哲里木山脚下而称为哲里木十旗会盟。其管辖北从宝格达山，南至沈阳北柳条边墙。西由特格汗山，东到哈尔滨、长春等地。

日伪时期属兴安省、兴安南省、兴安南分省、兴安总省等伪政权管辖。兴安盟博物馆收藏有一枚伪满洲国兴安南省的"军国世家"瓷牌，为这一时期较有代表性的文物。1947内蒙古自治政府又在王爷庙宣告成立。所以清代至建国时期的民俗文物，近现代红色遗迹、遗物，在全盟各个地区都较为丰富。

截止到2013年末，兴安盟调查已发现全盟不可移动文物点201处，国家级重点文物保护单位6处，即金界壕（其中金界壕穿越我盟的扎旗、前旗、突泉县和中旗境内）、内蒙古自治政府成立大会会址（五一会址）、成吉思汗庙、中国共产党内蒙古工作委员会办公旧址、吐列毛杜古城遗址、侵华日军阿尔山要塞遗址群等；自治区级重点文物保护单位7处；旗县级文物保护单位78处。

注释

[1] 盖山林：《吉林科尔沁右翼中旗的新石器时代遗存》，《考古》1977 年第 3 期。

[2] （清）张穆：《蒙古游牧记》，山西人民出版社点校本，1991 年。

[3] 钱玉成、孟建仁：《科尔沁右翼中旗北玛尼吐鲜卑墓群》，《内蒙古文物考古文集（第一辑）》，中国大百科全书出版社，1994 年。

[4] 吉林省文物考古工作队：《科尔沁右翼前旗公主岭一、二号古城调查记》，《东北考古与历史（第一辑）》，1982 年。

[5] 《辽史·地理志》边防城，静州条。

[6] 黄斌：《大辽国史话》，吉林人民出版社，2002 年。

[7] 《金史·完颜宗浩传》。

[8] 周清澍主编：《内蒙古历史地理》，内蒙古大学出版社，1993 年。

[9] 内蒙古自治区文物考古研究所：《科尔沁右翼中旗哈尔沁新石器时代遗址》，《草原文物》2011 年第 1 期。

[10] 连吉林等：《科尔沁右翼中旗嘎查营子遗址调查》，《北方文物》2005 年第 1 期。

[11] 钱玉成：《探寻兴安历史文化》，民族出版社，2013 年。

[12] 张柏忠：《内蒙古科左中旗六家子鲜卑墓群》，《考古》1989 年第 5 期。

[13] 张柏忠：《哲里木盟发现的鲜卑遗迹》，《文物》1981 年第 2 期。

[14] 吉林省文物工作队：《科尔沁右翼前旗公主岭一、二号古城调查记》，《东北考古与历史（第一辑）》，1982 年。

[15] 潘行荣：《内蒙古科尔沁右翼前旗白辛屯古墓古城的调查》，《考古》1965 年。

[16] 兴安盟文物工作站：《科尔沁右翼中旗代钦塔拉辽墓清理简报》，《内蒙古文物考古文集（第二辑）》中国大百科全书出版社，1997 年。

[17] 刘凤翥：《遍访契丹文字话拓碑》，华艺出版社，2005 年，第 92～93 页。

[18] 尹建光：《内蒙古出土的元代景德镇窑青花獒纹碗》，《文物天地》2011 年第 2 期。

[19] 陈永志：《内蒙古发现的两枚元代八思巴字长牌考释——兼论科尔沁右翼中旗色音花元代五体文夜巡牌》，参见《内蒙古文物考古文集（第三辑）》，科学出版社，2004 年。

[20] 兴安盟地方志编纂委员会：《兴安盟志》（上卷），内蒙古人民出版社，1997 年。

[21] 乌力吉：《扎赉特旗历史与文化》，民族出版社。

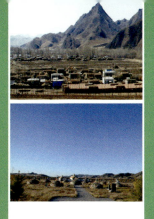

文化遗产

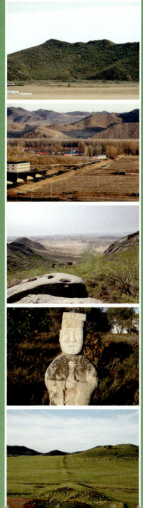

文化遗产 目录

新石器时代

1 科尔沁右翼中旗巴彦沟石器
  遗址 ·················· 033

2 科尔沁右翼中旗嘎查营子
  遗址 ·················· 035

3 科尔沁右翼中旗巴彦温都尔
  遗址 ·················· 037

4 科尔沁右翼中旗北玛尼吐
  遗址 ·················· 038

5 科尔沁右翼中旗查干敖来
  遗址 ·················· 039

6 科尔沁右翼中旗前查干淖尔
  遗址 ·················· 041

7 科尔沁右翼中旗双龙岗
  遗址 ·················· 043

8 科尔沁右翼中旗乌力胡舒
  遗址 ·················· 047

9 科尔沁右翼中旗西好老遗址··· 049

魏晋北朝时期

10 科尔沁右翼中旗蒙格罕山
   鲜卑洞遗址 ············ 051

11 科尔沁右翼中旗北玛尼吐
   墓群 ················· 053

辽金元时期

12 突泉县老头山洞穴遗址 ··· 057

13 科尔沁右翼中旗芒来遗址 ··· 059

14 科尔沁右翼中旗桑根巴达
   遗址 ················· 060

15 扎赉特旗础伦浩特遗址 ··· 062

16 兴安盟金界壕 ············ 066

17 突泉县白辛屯城址 ········ 072

18 扎赉特旗巴拉嘎城址 ······ 075

19 科尔沁右翼前旗归流河城址··· 077

20 科尔沁右翼中旗布敦化城址··· 078

21 突泉县查干楚鲁城址 ······ 080

22 突泉县新立屯城址 ········ 082

23 突泉县于家屯城址 ········ 084

24 扎赉特旗爱民屯城址 ······ 086

25 突泉县双城城址 ·········· 088

26 扎赉特旗巴达尔胡一号城址 ··· 093

27 扎赉特旗巴达尔胡二号城址 ··· 096

28 扎赉特旗岗岗屯城址 ······· 100

29 科尔沁右翼前旗好田城址 … 102

30 科尔沁右翼前旗好田五队
城址 …………………… 104

31 扎赉特旗巴彦高勒城址 …… 107

32 扎赉特旗浩斯台城址 ……… 108

33 科尔沁右翼前旗后民生
城址 …………………… 109

34 扎赉特旗后音德尔城址 …… 112

35 扎赉特旗华南屯城址 ……… 115

36 科尔沁右翼前旗戚家店
城址 …………………… 116

37 扎赉特旗其格吐城址 ……… 118

38 扎赉特旗三连屯城址 ……… 120

39 扎赉特旗五连屯城址 ……… 122

40 扎赉特旗兴华三队城址 …… 125

41 科尔沁右翼前旗白音花
城址 …………………… 127

42 乌兰浩特市前公主陵古城
遗址 …………………… 129

43 乌兰浩特市古城城址 ……… 137

44 科尔沁右翼前旗后沙力根
城址 …………………… 140

45 科尔沁右翼中旗吐列毛杜
古城遗址 ………………… 142

46 乌兰浩特市西白音城址 …… 149

47 科尔沁右翼中旗代钦塔拉古
墓群 …………………… 155

48 科尔沁右翼中旗西尔根墓群… 163

49 科尔沁右翼中旗巴日哈达
洞壁题记 ………………… 166

50 科尔沁右翼中旗额日吐
墨书题记 ………………… 171

51 科尔沁右翼前旗乌敦摩崖
题记 …………………… 173

52 科尔沁右翼中旗亚门毛杜
毕其格哈达摩崖题记 ……… 175

明清时期

53 乌兰浩特市阿古营子遗址 … 179

54 扎赉特旗巴彦套海城址 …… 181

55 科尔沁右翼中旗固伦永安长
公主陵遗址 ……………… 182

56 科尔沁右翼中旗图什业图
王府遗址 ………………… 185

57 科尔沁右翼中旗哲里木十旗

　会盟地遗址 …………… 188

58 扎赉特旗英格庙 ………… 200

59 科尔沁右翼中旗义和道卜

　寺庙遗址 ……………… 207

60 科尔沁右翼中旗乃吉托音祭坛… 209

61 扎赉特旗乾德牟尼庙遗址 … 211

62 科尔沁右翼中旗衙门

　毛杜庙址 ……………… 214

63 乌兰浩特市葛根庙 ……… 216

64 科尔沁右翼中旗博克达活佛

　府邸 …………………… 228

65 扎赉特旗青山屯摩崖题记 … 232

近现代

66 乌兰浩特市中国共产党内蒙古

　工作委员会办公旧址 ……… 235

67 乌兰浩特市内蒙古日报社

　旧址 …………………… 240

68 阿尔山市南兴安隧道碉堡 … 243

69 乌兰浩特市乌兰夫同志

　办公旧址 ……………… 246

70 扎赉特旗伪满公署旧址 …… 252

71 阿尔山市阿尔山火车站 …… 255

72 乌兰浩特市内蒙古自治政府
办公楼旧址 …………… 260

73 乌兰浩特市成吉思汗庙 …… 262

74 阿尔山市五岔沟日伪飞机场
遗址 …………… 268

75 科尔沁右翼前旗好仁日伪
飞机堡群 …………… 274

76 乌兰浩特市呼格吉勒嘎查
铁路桥 …………… 276

77 乌兰浩特市永联村日伪
飞机堡群 …………… 279

78 科尔沁右翼前旗索伦苏联
红军纪念塔及烈士墓园 …… 281

79 乌兰浩特市内蒙古自治政府
成立大会会址 …………… 284

80 乌兰浩特市烈士陵园 …… 289

81 乌兰浩特市兴安中学礼堂
旧址 …………… 296

82 乌兰浩特市内蒙古师范学院
礼堂旧址 …………… 299

83 科尔沁右翼前旗兴安红色
第一村党支部旧址 ………… 303

新石器时代

　　目前兴安盟境内发现的新石器时代遗址，共有16处，新石器时代与辽代共存的有10处。主要集中在科尔沁右翼中旗中、南部地区。时代大致属新石器时代晚期。采集标本石器居多，陶器较少，且完整器少。石器以细石器为主，大多经过磨制，磨制精细。种类有镞、斧、锄、石锛、凿、石条、石叶、石环、石核，以及砍砸器、磨盘、尖状器、圆刮器等。采集陶器标本，陶质有泥质陶、夹砂陶两种。陶色以质地粗糙的黄褐色夹砂陶为主，灰褐陶次之，有少量红褐陶。皆手制，以泥条盘筑为主，纹饰有"之"字纹、麻点纹、刻划纹、附加堆纹、篦点纹等。器形有筒形罐、直腹钵、小口双耳壶等。已发掘过或发表过相关研究性文章的只有科尔沁右翼中旗哈尔沁遗址和嘎查营子遗址两处。从目前掌握的资料分析，其时代应属红山文化晚期。文化内涵与通辽市科尔沁左翼中旗的哈民忙哈遗址较为相近，如陶器器形均以筒形罐、钵、小口双耳壶为主；均出土有麻点纹筒形罐和钵；发现的房址形制和出土的石器也较为接近等。

　　由于发掘研究资料过少，兴安盟地区的新石器时代文化面貌还很不清晰，但研究价值和潜力巨大。

‖‖ 1 ‖‖ 科尔沁右翼中旗巴彦沟石器遗址 ——

撰稿：包金泉
摄影：包金泉

巴彦沟石器遗址有两处地点，分别位于科尔沁右翼中旗巴仁哲理木镇哈日诺尔工作部巴彦沟嘎查艾里西北1500米处和西北2000米处，两处相距500米。

2008年，全国第三次文物普查时新发现此遗址。2009年4月因建乌锡铁路，一号遗址进行过抢救性清理。除了对一号遗址点进行了发掘外，对其周边数公里进行了考古调查。

一号遗址坐北朝南，南为公路、铁路和霍林河，东西为山沟。遗址偏东侧有一条雨季大水冲沟，将遗址一分为二。遗址呈长方形，长96米，宽73米，分布面积为7008平方米。

遗址全景

发掘共采集石制品115件，品型分别为石核、石锤、刮削器、尖状器、石叶、蚌器、石片等，加工十分精致。采用的原料为燧石、绿辉石、石英、黑曜石等，石材非常丰富。以锤击石片为毛坯，工具修理使用了指垫法，修理方式是劈裂面向背面加工。均属于北方小石器系统、细石器的一些特征。

二号遗址在山的缓坡上，东西为山脉，北靠山，南望通霍铁路和霍林河。

遗址呈长方形，长286米，宽194米，分布面积55484平方米。采集标本有尖状器、石条、刮削器、灰陶片等。

根据考证，发掘所发现的石制品，虽然属于地表采集，但分布面积大，石料随处可取，同时又有蚌器，在该遗址点的周围未发现任何古代陶片和其他遗物，所以依据石制品的性质分析其年代应属于旧石器时代的晚期至新石器时代早期。

遗址内采集的石器标本

遗址内采集的石器标本

⫿ 2 ⫿ 科尔沁右翼中旗嘎查营子遗址

撰稿：包金泉
摄影：包金泉

　　位于科尔沁右翼中旗杜尔基镇双金嘎查嘎查营子艾里东北2公里沙坨中。遗址地处嘎查营子村北一较高丘陵的南坡上，西面有霍林河由西北向东南流过。

　　1979年6月，吉林省文物工作队对该遗址进行了实地调查。发现地表被常年雨水冲刷和风蚀形成了许多凹坑和冲沟。从冲沟的断面上看到的地层是：上层是黑土层，下层为粉细砂。黑土层堆积厚薄不等，一般厚为1米左右。石器主要见于南部的几条冲沟中，主要分细石器、石片石器及砾石石器三类。同时还采集到少量第

遗址全景

遗址内地表散落的遗物

四纪哺乳动物化石及辽代遗物。2003年8月，兴安盟文物管理站派人对该遗址进行了重新调查，并采集到少量陶片、石器等遗物。遗址所在山坡大部分已被沙丘覆盖，由于风沙侵蚀，水土流失严重。文化层受到破坏，大量的陶片、石器以及一些人和动物的骨骼等暴露于坡地上。在遗址的中部，见有近长方形黑土圈，似为半地穴式房址。整个遗址东西宽约80、南北长约100米。

2009年，第三次全国不可移动文物普查时，对该遗址进行了较为详细的调查。遗址呈长方形，长325米、宽185米，分布面积约60125平方米，遗址处在沙丘陀地中，因水土流失风吹使遗址内形成沟壑，原地表与现地表相差约1～15米，遗址沙化严重，文化层遭到破坏。采集标本有石

遗址内采集的标本

器残片、之字纹筒形罐残片、方格纹筒形罐残片、红陶鬲足等。

根据采集到的标本及前人研究判断，此处遗址应属新石器时代。从文化内涵上看，与通辽市哈民忙哈遗址有相似之处，具有红山文化晚期遗存的特征。

3 科尔沁右翼中旗巴彦温都尔遗址

撰稿：包雨舟
摄影：包金泉

位于科尔沁右翼中旗高力板镇新套卜嘎查巴彦温都尔艾里东北3000米处沙坨上，遗址处在霍林河分叉处，其东北为农田，西为林带，北靠霍林河北支流，南望霍林河南支流。

遗址呈长方形，长500米，宽300米，分布面积150000平方米。遗址西北部主要有新石器时代和辽代遗存分布，中南部坨顶有清代建筑基址，遗址东南和东北为农田，在农田中也能采集到标本，地表遗物较丰富，可见有石镞、石条、石叶、石核、素面灰陶片、褐釉瓷壶口沿、棕釉划纹陶片等。

该遗址为新石器时代遗址，由采集到的标本判断，人类在此处生活时间延续较长，从新石器时代到清代都有人类在此繁衍生息。

遗址全景

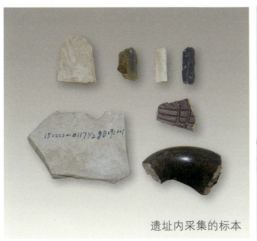

遗址内采集的标本

遗址内清代建筑台基

‖‖ 4 ‖‖ 科尔沁右翼中旗北玛尼吐遗址

撰稿：司玉国
摄影：哈斯

位于兴安盟科尔沁右翼中旗吐列毛杜镇元宝屯嘎查北玛尼吐艾里西北50米山坡台地上，遗址西为山脉，北靠沙化山梁，东500米为霍林河。南为山脉，雨季河水涨至遗址台地。

该遗址为全国第三次文物普查时首次发现。遗址呈长方形，长180米，宽67米，分布面积12060平方米，遗址地表沙化比较严重，文化层普遍被扰乱。在风蚀沙坑中采集标本有石镞、刮削器、石叶、黑陶残片、红陶罐口沿残片。

通过采集标本判定此处为新石器时代与辽代共存遗址。

遗址近景

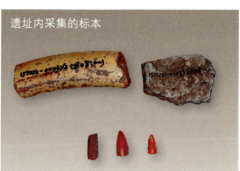

遗址内采集的标本

遗址远景

5 科尔沁右翼中旗查干敖来遗址

撰稿：包金泉
摄影：包金泉

位于科尔沁右翼中旗代钦塔拉苏木代钦塔拉嘎查巴仁浩老艾里村东500米处。遗址东为北浩老艾里，西为巴仁浩老艾里，北靠查干敖来小山，南望沙丘及111国道。

查干敖来遗址于1982年第二次全国文物普查期间发现。

遗址坐北朝南，整体呈长方形，长60米，宽30米，分布面积1800平方米。文化层厚约0.5米。遗址地表沙化较为严重，可以采集到的标本有灰陶片、石器。有新石器时代石斧、石锛、石镞；辽代灰陶篦点纹卷沿陶罐、灰陶篦点纹陶盆、白瓷碗残片等。

根据原记载及所采集到的标本，此遗址应为新石器遗址，辽代也有人类在此居住。

遗址全景

遗址局部

遗址内采集的标本

║║║ 6 ║║║ 科尔沁右翼中旗前查干淖尔遗址

撰稿：包金泉
摄影：包金泉

位于科尔沁右翼中旗好腰苏木镇巴彦淖尔工作部查干淖尔嘎查前查干淖尔艾里南3000米的流动沙陀上，乌尼格其河从遗址东侧缓缓流过，此处属吉林省通榆县、中旗好腰苏木镇东白音套卜艾里及本村的三角交界地带。

查干淖尔遗址分布范围较广，坨底也有遗存，遗址北部辽代遗存较多，南和东部分布的新石器时代遗存较多。遗址整体呈长方形，长198米，宽519米，分布面积为102762平方米。目前坨上遗址已辟为耕地。

遗址内采集到的标本有残石磨盘、石箭头、灰陶片等。石磨盘的形状为长条形，两头带弧度，类似鞋底状。石镞残留后半段呈菱形状。采集到的陶片有灰陶篦点纹陶罐、布纹瓦残片、灰陶篦点纹卷沿鼓腹罐残片、席纹残陶罐。

从采集标本分析判断，此处为新石器时代及辽代共存遗址。

遗址近景

遗址内散落的陶片

遗址内采集的标本

⫼ 7 ⫼ 科尔沁右翼中旗双龙岗遗址 ————

撰稿：包金泉
摄影：包金泉

位于科尔沁右翼中旗代钦塔拉苏木代钦塔拉嘎查双龙岗艾里南500米沙陀上，遗址东、西为农田和围栏，北为双龙岗艾里，南沙丘地带，遗址东高西低。省际通道从村南3000米处南北通行，西1000米处为双龙岗水泡子。

双龙岗遗址坐北朝南，呈长方形，东西长500米，南北宽80米，分布面积4万平方米。文化层厚约1.5米。中部凸起，高出周围约15米。在遗址的东南角发现袋状灰坑3个，呈三角形分布，直径均在0.6米左右，在灰坑内清理出动物骨骼，有动物

遗址远景

遗址地表散落遗物

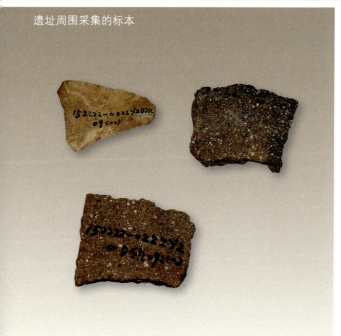

遗址周围采集的标本

的耻骨和角，在灰坑内还清理出木炭、草灰。在遗址的东侧发现灶址一处，灶直径0.3米，深0.5米，灶壁呈红褐色，有明显火烧的痕迹，灶四周的土与黄沙土呈鲜明的对比。没有发现居住面和踩踏面。

地表发现数量不多的陶片。大体可分为两类：一是红褐陶，占多数。较粗糙，均为手制。有的羼细砂或粗砂，质地松脆，火候较低。器形也较为单一，可辨有罐、鬲足，未见完整器物；二是灰陶。部分饰有篦纹，胎壁较厚、火候较高。可辨器形有罐、盆等。从采集标本判断该遗址为新石器时代遗址。

8 科尔沁右翼中旗乌力胡舒遗址

撰稿：包金泉　王虎
摄影：吴峰

位于科尔沁右翼中旗好腰苏木镇巴彦淖尔工作部巴力珠尔嘎查前乌力胡舒艾里西南1000米沙坨地上，此处属沙漠丘陵地带，东低西高。东为农田，西为草场，沙坨呈长条形分布。

乌力胡舒遗址于1982年第二次全国文物普查时发现。

遗址整体呈长方形，长60米，宽50米，遗址面积3000平方米，文化层厚约0.3米。遗址中有数土堆，在一土堆顶部发现一石臼，遗址内采集到有新石器时代的石斧一件，石斧长15厘米，宽约8厘米，呈不规则四边形。石斧前缘为半圆形，有打磨使用过的痕迹。另采集标本有石叶一件、石镞一件、石磨盘两件；泥质灰陶篦点纹罐、夹砂灰陶篦点纹罐、白瓷碗残片；布纹泥质陶罐、残夹砂素面壶等。

根据遗址内采集标本断定，该遗址为新石器时代遗址，并发现有少量辽代遗物标本。

遗址近景

遗址内发现的石器

遗址内采集的标本

||| 9 ||| 科尔沁右翼中旗西好老遗址

撰稿：包金泉　陈秀兰
摄影：包金泉

位于科尔沁右翼中旗代钦塔拉苏木代钦塔拉嘎查西好老艾里西10米处。遗址背靠大山，东侧一条乡间小路通向西好老艾里，西、南两侧被沙丘包围，风力发电的白色风车分布于遗址周围。

西好老遗址于1982年第二次全国不可移动文物普查时发现。

遗址坐北朝南，呈长方形，长125米，宽120米，分布面积15000平方米。位于流动沙丘中，文化层厚约1米。原记载西好老遗址位于西好老艾里西500米处，由于该村扩村建房，整体西移，此次复查确认遗址位于该村西10米处。

在遗址中采集到的新石器时代的标本有石核、石镞、石环、石叶、石磨棒；辽代的灰陶篦点纹卷沿鼓腹罐残片、白瓷碗残片、白瓷盘残片、布纹瓦残片。根据原调查资料及采集到的标本断定，此遗址应为新石器时代及辽代共存遗址。

遗址内采集的遗物

遗址地表情况

遗址全景

魏晋北朝时期

　　兴安盟地区现已发现的魏晋北朝时期遗存，仅有两处，均为鲜卑族遗存。一处为蒙格罕山鲜卑洞遗址，蒙格罕山即（清）张穆所撰《蒙古游牧记》中提到的鲜卑山，被认定为是东部鲜卑族的发祥地。另一处为科尔沁右翼中旗北玛尼吐鲜卑墓群。北玛尼吐墓群共有123座墓葬，均为长方形竖穴土坑墓，有仰身直肢葬也有屈身侧卧葬，随葬的陶器以轮制的壶和手提罐为主，还有侈口舌状唇壶，包含有较多的匈奴文化特征。

　　内蒙古地区已发现的鲜卑墓葬与北玛尼吐时代较为相近的有科尔沁左翼中旗六家子、海拉尔团结、伊敏河孟根楚鲁、林西县苏斯太、巴林左旗南杨家营子、察哈尔右翼后旗三道湾一期、商都县东大井鲜卑墓葬等。其大致时代应在公元2世纪初至公元2世纪下半叶。

⫴10⫴ 科尔沁右翼中旗蒙格罕山鲜卑洞遗址

撰稿：包金泉
摄影：包金泉

科尔沁右翼中旗重点文物保护单位。

位于科尔沁右翼中旗巴彦胡硕镇西尔根工作部新艾里嘎查西南3000米山坡崖壁上。

洞穴距山底80米，三个崖洞均在崖壁上，属人工凿成，分别为：洞一、洞二、洞三，间距10米。洞内均有古代题记，年代不详。

其中洞一：洞口宽2米、高1.6米、洞内宽3米、深2.8米、高1.9米，有题记5处。题记一，有汉字八行，有"河南山"、"石口独处"、"耳"、"花"、"保王口平安"等文字；题记二，蒙文二行；题记三，藏文一行；题记四，有汉文"今日"两字；题记五，有汉文"山人"两字。

洞二：洞口宽1.6米、高1.5米，洞内宽4米、深3米、高1.6米。距洞口约1.6米

蒙格罕山近景

鲜卑洞近景

洞内题记

处有汉文题记一处，可辨认有三行，内有"黄"（第一行），"非"（第三行）等文字较为清楚。同时，有石刻痕迹2处。

洞三：洞口宽约2米、高1.6米、深2米，内有刻写的契丹文1处。

蒙格罕山，原名"鲜卑山"，亦称"奎屯乌拉"系蒙古语，意为"汗山"，蒙格汗山因鲜卑、契丹人居于此故又称鲜卑山，为东部鲜卑发祥地之一，汉晋时期鲜卑民族繁衍生息在此地。

‖11‖ 科尔沁右翼中旗北玛尼吐墓群 ———

撰稿：钱玉成　孟建仁　高国庆

摄影：李铁军

科尔沁右翼中旗重点文物保护单位。

位于兴安盟科尔沁右翼中旗吐列毛杜镇元宝屯嘎查北玛尼吐艾里西北2000米山坡下流动沙丘上。墓群东、西为山脉，往南10米临水冲沟，北靠山。

北玛尼吐墓群整体呈长方形，长200米，宽90米，分布面积1800平方米。由于流动风沙的破坏，许多墓坑暴露于地表。人为破坏也相当严重，尸体的骨架及碎陶片遍布地表。此地共发现123座墓葬，大部分已被风沙破坏，地表残留有墓底的形状。墓葬均为长方形竖穴土坑墓，分为有二层台墓葬和无二层台墓葬两种。墓群分布较有规律，大体呈南北向平行排列，间距在0.1～1米之间。少量墓向有变化。墓葬主要集中在北侧，分布密集。东、东南、西南部及边缘地带较稀疏。

墓群出土随葬品有陶器、铁器、骨器、铜器、金银器、玉石器六类。随葬品数量多寡不同，有三座墓未见随葬品，其余各墓均有随葬品，多者达50件以上，有四座墓只有一件陶罐。随葬品中，以生活用品居多，铁器最多（铁器以兵器为主），其次为陶器及少量的铜、骨、松石遗物。陶器均置于死者头部和脚部，有二层台墓葬则置于二层台上，各类绿松石散见于胸部和颈部，铁器多分布于腰部，玉石及铜器以手臂、腰部为主。出土陶器分夹砂黑褐陶、夹砂黄褐陶、夹砂红褐陶等，部分夹云母。陶器纹饰比较单一，以戳纹为主，少量饰有重菱纹、草纹。铁器较多，大部分已锈蚀破坏；骨器分镞、纺轮两类；铜器分戒指、铜镞、铜钱、铜铃和包金戒指等；还有绿松石珠、水晶珠、

鲜卑夹砂红陶罐

鲜卑篦点纹灰陶罐

鲜卑宽唇灰陶罐

玛瑙珠和砺石等。

北玛尼吐墓群以仰身单人葬为主，只发现一座侧身直肢和一座侧身屈肢葬。从出土的陶器来看，陶器的组合，特别是侈口舌状唇壶能看出明显的早晚关系，由于资料有限，尚不能进一步做排比；另外，这批墓地亦未发现有二次葬或相互打破的现象，表明北玛尼吐墓地持续的时间比较长。该墓群的时代上限大概在东汉时期。

鲜卑宽唇灰陶罐

鲜卑高领灰陶罐

辽金元时期

　　辽金时期的遗址、城址、墓葬、题记等在兴安盟分布广泛，文化内涵丰富。其中已经调查或发掘过的较有代表性的有：乌兰浩特市前公主岭一、二号古城遗址；科尔沁右翼前旗白辛屯古墓古城遗址；突泉县双城古城遗址；科尔沁右翼中旗代钦塔拉辽墓；科尔沁右翼中旗吐列毛杜一、二号城址；科尔沁右翼中旗巴日哈达洞壁题记等，这些遗存大多已经发表过相关的研究性文章。

　　已发现的元代遗存为数不多，但出土文物不乏精品。1992年，在乌兰浩特市西白音城址元代窖藏中出土一件碧玉盘和多件元代瓷器。瓷器为江西景德镇窑和山西霍窑制品，器形有盘、碗和高足杯，装饰技法有卵白釉堆花五彩、卵白釉划花、青白釉划花、白釉印花等。其中的卵白釉堆花五彩描金花卉纹高足杯和青花貘纹碗十分珍贵。另外，科尔沁右翼前旗索伦镇附近出土的元代八思巴文圣旨金牌、科尔沁右翼中旗境内出土的元代天字拾二号夜巡铜牌及胡迪谋克之印等都代表着兴安盟深厚的蒙元时期历史文化。

‖12‖ 突泉县老头山洞穴遗址

撰稿：王建民　包金泉
摄影：王建民

位于突泉县宝石镇查干楚鲁村老头山林场西北约20公里，过北山梁3公里是科尔沁右翼前旗地界，山主峰顶有防火观测台，洞穴距宝石镇3.2公里，距查干楚鲁村2.5公里。遗址四面环山，山势较高。

老头山洞穴遗址坐东北朝西南，在一个较高的山坡上依山而建的一个洞穴主体，洞口为拱形，洞石门为石头垒砌而成，进深5米，宽4米，洞口高2.6米，洞内面积20平方米。洞内石壁上有火烧痕迹，洞内地表采集有陶片，没有发现石刻等人为痕迹。根据采集陶器标本，初步断定为辽代遗址。

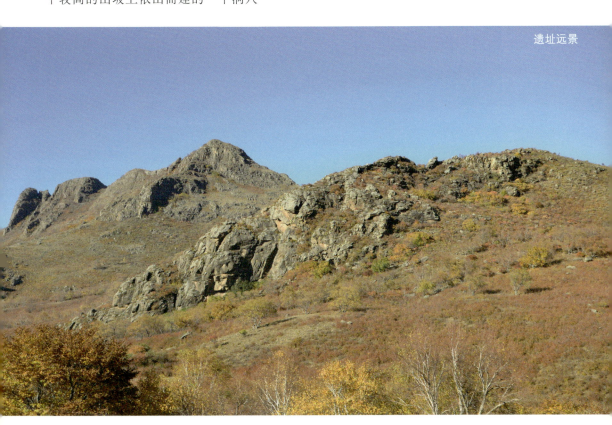

遗址远景

遗址近景

遗址洞穴

遗址内采集的标本

‖13‖ 科尔沁右翼中旗芒来遗址 ───────

撰稿：尚玲
摄影：吴峰

科尔沁右翼中旗重点文物保护单位。

位于科尔沁右翼中旗代钦塔拉苏木芒来嘎查芒来艾里西1000米处山坡沙丘中，遗址背靠山，借山坡地势较高，东西为沙丘地带，南望翰嘎利水库。

芒来遗址呈长方形，长195米，宽166米，面积32370平方米。整个遗址东南高西北低，正处于沙化风口，遗址一部分被覆盖在沙陀下，一部分现已成为农田。

遗址内分布的遗物比较丰富，采集标本有篦点纹灰陶残片、缸胎罐残片、划纹灰陶残片、素面灰陶残片、布纹灰陶残片、石磨盘残片等。根据标本判断遗址年代应属辽代。

遗址内采集标本

遗址远景

⫼14⫼ 科尔沁右翼中旗桑根巴达遗址

撰稿：包金泉
摄影：吴峰

位于科尔沁右翼中旗高力板镇桑根巴达嘎查北桑根巴达艾里北500米流动沙丘中，遗址北靠沙坨，东、西、南三面为草场。

1982年第二次全国文物普查期间发现，《中国文物地图集·内蒙古自治区分册》记载此处为辽代遗址。

整个遗址略呈方形，边长50米，分布面积为2500平方米，文化层厚约0.5米，文化层遗迹现象较清晰，地表遗存内容丰富。在遗址西北部有四处坑灶遗迹，火烧痕迹明显，灶内的土呈灰褐色，其中还掺杂着烧过秸秆的痕迹。在遗址的西南部有大约40平方米的踩踏面，踩踏面厚约0.5厘米。

采集到的标本有辽代灰陶片、压印绳纹陶片；金代红釉粗陶残片、斜菱纹陶片、青釉小瓷罐残片；清代青花碗残片等。由此看桑根巴达遗址属辽金时期，清代也有人类活动。

遗址内采集的标本

遗址远景

‖15‖ 扎赉特旗础伦浩特遗址

撰稿：高国庆
摄影：高国庆

位于扎赉特旗所在地音德尔镇北部70公里处哈力改吐屯西南方向大神山依和依孙苏博南坡的深山老林中。2012年5月，兴安盟博物馆曾会同扎赉特旗文物管理所踏查过该遗址。

哈力改吐屯正南方向有绰尔河上游流过，其境内为丘陵草原地，水草丰美。

大神山，元代至清代被称为朵云温都儿，在清代乾隆年间被尊为乌力吉朝格图敖拉，藏语称其为拉喜扎力布，意指吉祥的神，因忌讳直呼其名，人们称其为博格多敖拉。它属大兴安岭余脉，是一座独立的山峰，相对高度300～400米，主峰海拔858.8米。是以大自然的断裂而强烈风化

遗址东侧周围山势

剥蚀和流水切割形成的奇峰、怪石、峰丛、峰林、石墙、球状风化石、锅穴等奇特景观。地面组成物质以花岗岩、石英粗面岩为主，植被类型以黑桦为主，林下灌木层发达，林间空地有团块状分布的榛灌丛，草木层茂密种类丰富。

遗址内地势北高南低，东西两侧均为悬崖峭壁，南部为缓坡，下缓坡后是地势开阔的平川。遗址平面略呈英文大写字母Y字形，墙体主要有东侧、西侧、北侧三段部分组成。

从南侧缓坡向北直上是遗址墙体的两个分叉，东侧分叉墙体总长约115米，垒砌现象明显，墙体中部有长约2米的缺口。西侧分叉墙体总长约139.4米，大部

分墙体主要借助山体，只有小段部分垒砌现象明显。北侧墙体较长，也是保存相对较好、垒砌现象最为明显的部分，总长约306.9米。此墙体的前段部分有长约9.90米的豁口，作用不得而知，尾段部分，有长约2米的排水口。

遗址三段墙体交叉点东北处，经初步统计有20余处坑状遗址，附近散见板瓦、青砖等建筑构件，可能为建筑基址。在遗址的地表上大范围分布着数目众多、体积较大的长方形石块，制高点附近尤为明显，个别的有人工打制痕迹，初步猜测是建筑用石。

遗址内采集到的遗物主要有：板瓦一件，残，泥质灰陶，厚3厘米，外壁素

面，内壁饰布纹，截面呈半圆形；青砖一件，残，灰色，厚6.5厘米，宽19厘米，长19.5厘米，素面。

关于此遗址的年代归属问题，现存在两种观点。一种是遗址的墙体没有实际的防御性，所以墓域的可能性较大，而且所属时代大致应该在辽金时期。另一种观点认为，有作为明代泰宁卫卫所的可能性。由于没有采集到能明确辨别年代的器物标本，础伦浩特遗址到底属于哪个历史时期的问题，还没有明确的定论，初步判定为辽金时期遗址。

遗址内东侧墙体

遗址内北侧墙体

遗址中段墙体

制高点处长方形石块分布情况

||16|| 兴安盟金界壕

撰稿：包金泉　丹达尔　杨建林
摄影：尹建光　包金泉　王建民

全国重点文物保护单位。

兴安盟境内的金界壕自东北向西南贯穿全盟，总长713公里，沿线有马面1214座、边堡73座、烽火台5座。经全国长城资源调查发现，兴安盟境内的金界壕可分为五条线路，即漠南线、岭南线、主线、岭南线东支线和岭南线西支线。具体分步走向如下：

漠南线东自呼伦贝尔市扎兰屯市洼堤镇泥沙河村进入，穿过罕达罕河，伸入兴安盟扎赉特旗北部，向西南经西巴彦乌兰苏木边壕屯、乌兰奴鲁、西巴彦乌兰、新巴彦套海等嘎查（屯）北部，在乌兰哈达嘎查北0.34公里处与岭南线和主线分支而行。再以东西方向穿过绰尔河，经杨树沟村南部，伸入科尔沁右翼前旗西北部，向西南贯穿索伦三连、朝根台、特门、乌兰敖都等嘎查及行政村（屯），越过宝格德山，进入锡林郭勒盟东乌珠穆沁旗境内。漠南线现存墙体底宽7.9～8.7米，顶宽1.5～2.6米，残高0.2～0.9米。大体呈东北—西南走向。全长182公里，沿线调查边堡9座。

岭南线和主线在乌兰哈达嘎查与漠南线分行后，并行穿过绰尔河，折向正南，

经巴彦花嘎查西部，于吉日根嘎查北1.2公里处（岭南线在此处向南分出一条支线，称为岭南线东支线）折向西南，沿着吉日根河支流行经乌兰毛都牧业队北部，进入科尔沁右翼前旗北部。经索伦马场、风林二队、胜利四队、宝田二队、宝田三队、满都拉都嘎查、满族屯乡、宝力格图嘎查北部，在阿拉坦浩特嘎查西北0.6公里处（岭南线界壕在此处向西南分支出一条线，称之岭南线西支线）拐向东南，经海力森嘎查北部，继续向南经西合日木三队，于西合日木二队东北折向东南而行，顺着山谷河流蜿蜒伸入突泉县西北部。经蛤蟆岬林场、张家街、李家街、徐家街、步家街、白凤生屯、夏林窑村东部，进入科尔沁右翼中旗境内。经罕查干、和日木、哈吐查干、东巴彦乌兰、巴彦乌兰、毛盖吐、乌布混都河（郭勒），

科尔沁右翼前旗境内金界壕岭南线和主线墙体（北—南）

扎赉特旗金界壕主线边堡（离开墙体）（东南—西北）

科尔沁右翼中旗金界壕主线边堡（依墙体而建）（东—西）

科尔沁右翼中旗金界壕岭南线边堡（西—东）

又拐向西南，穿过赛罕花、坤都冷、地宫花等嘎查北部，延伸进入通辽市扎鲁特旗境内。在兴安盟境内，岭南线和主线始终并行。岭南线与主线全长286公里，沿线有边堡53座，烽火台5座。岭南线现存墙体底宽4.2～9.6米，顶宽1.5～4.5米，残高0.2～2米，无马面。主线现存墙体底宽7.2～15.6米，顶宽1.7～3.2米，残高0.2～4.5米，沿线有马面1210座。岭南线在筑建时间上比主线要早，墙体上没有马面、铺房等设施，此特点与漠南线相同。

岭南线东支线自扎赉特旗阿拉达尔吐苏木吉日根村西北1.3公里处与岭南线与主线分支而行，向南经吉日根、图门河北岸进入科尔沁右翼前旗好仁苏木太平山三队，经新宝力高、好仁、铁西扎拉嘎嘎查、蒙鸠山三队、蒙鸠山二队、大石寨

突泉县金界壕主线夯层近景（南—北）

镇、保门乡中兴屯、太安村等，止于古迹乡根基沟二队东北1.6公里。全线断断续续、时隐时现，整体保存差。现存墙体底宽3～5米，顶宽0.7～1米，残高0.5～0.6米。大体呈东北—西南走向，全长99公里，沿线有边堡6座。

岭南线西支线自科尔沁右翼前旗德柏斯镇阿拉坦浩特嘎查西北753米处与岭南线和主线分支而行，向南经嘎露图，越过归流河，经车家街屯、阿力得尔河北岸折向西南，经红光四队屯、红光二队屯、树木沟屯、双发屯、大窝铺屯、桃合木屯等北部，进入科尔沁右翼中旗巴仁哲里木苏木四队，再经二龙屯、哈日淖尔苏木北

部，蜿蜒而入通辽市霍林河市境内。现存墙体底宽3～7米，顶宽0.7～2米，残高0.5～1米。大体呈东北—西南走向，全长146公里，沿线有马面有4座，边堡5座。

王国维先生对金界壕的修筑有一个论断："萌芽于天眷（1138～1140年），讨论于大定（1161～1189年），复开于明昌（1190～1195年），落成于承安（1196～1200年）"。就兴安盟而言，境内的几条界壕中，可以分为三条大线，即漠南线、岭南线和主线。从修筑时间上来看，漠南线最早，大概在天眷初年；岭南线次之，约在大定二十年之后一段时间；主线最晚，当在明昌、承安间。从其特点来看，漠南线和岭南线相仿，墙体上不见马面（岭南线西支线上的极少几座马面当作特例看待），而沿线边堡多离开墙体，修筑于内，边长不超过百米。主线特征很明显，墙体上有密集的马面，间距在44～110米之间，边堡有的依墙体内侧而建，有的离开墙体修筑。离开墙体修筑的边堡规模均比较大，边长多在百米以上。

关于修筑界壕的形制，金朝的统治者也一直在探索之中。最早修筑的漠南线和岭南线还比较粗简，有早期长城的特征，墙体简单，边堡远离墙体。至主线的出现，一改以前规模，在墙体上修筑了密集的马面，大大提高了防御效果，而且将边堡与墙体有机结合，随势而定，或远或近，或大或小，使二者各取其长、相互配合。王国维说："界壕者，掘地为沟堑以限戎马之足；边堡者，于要害处筑城堡以居戍人。二者于防边各有短长：边堡之设，得择水草便利处置之，而参差不齐，无以御敌人之侵轶；壕堑足以御侵轶矣，而工役绝大，又塞外多风沙，以湮塞为患。故世宗朝屡遣使经画，卒不能决。章宗时边患益亟，乃决开壕之策，卒于承安三年成之。" 马面的出现，甚至影响了明长城的模式。

‖17‖ 突泉县白辛屯城址

撰稿：高国庆
摄影：杨大勇

位于科尔沁右翼前旗白辛办事处团结村东50米处。白辛屯的四周群山环抱，形成一个小盆地。盆地的东西两边沿山根各有一条常年流水的小溪，蜿蜒南流。于白辛屯南约2公里处汇合，流入突泉县境内。

古城正当盆地的中央偏北处，当地村民称之为："土城子"，保存相对较差。南北均为开阔地，城址呈正方形，方向185°，建于北高南低的缓坡上。城址北墙保存尚好，城墙边长为250米，现存部分高1.5米，上宽6米，基宽15米。西墙残存长约70米，总面积为62500平方米，各城墙马面均已不清。

现今已无法找到城门的遗迹，但《内蒙古科尔沁右翼前旗白辛屯古墓古城的调查》一文中曾有记载："1965年对古城进行调查时，南、西、东三墙中部各有一豁口为三门，南门在墙的正中处，宽12米。东西两门均位于中部偏南处，东门宽8米，西门宽7.5米。四城角各有一角楼址，形制基本相同，略高于城墙。城内中部散布一些砖瓦块，疑有建筑基址，东门之西北方有一夯筑台基，圆锥状高约3.5米，径20米。"

城内文化层堆积较浅，深处仅0.4米，有的地方耕土下即为生土。地面上残存遗物很少，中部较多，陶片主要有素面灰陶片、外折灰陶盆口沿、篦点纹陶片等。瓷片更少，有胎厚，质粗，釉厚而少光泽的酱紫色瓷片；胎较薄，质粗，釉厚而色浊的酱褐色注壶碎片等。另外还发现少量布纹瓦，据当地村民反映，过去在城内曾拾到铁质工具与兵器，有铡刀、锄头、锄钩、车马具等。

另外，1962年距白新办事处团结村北4000米处，发现一群墓葬。墓群分布为椭圆形，东西长约500米、南北长约90米，分布面积45000平方米，均是中小型石顶墓，墓葬多数已被盗掘。盗洞长3米，宽1～2米、深1～2.5米之间，每座墓占地面积约为9～15平方米。墓穴四周散落着从墓里挖出的石板、石块和木料，有些墓葬

城址远景

内有壁画的痕迹。

墓群中较有代表性的一座墓葬方向为203°，由墓室、墓道构成。墓室平面略呈正方形，用白灰色和青灰色长形岩石砌成。墓底为生土地面。墓壁宽3.3、东西两壁宽均为3、南壁宽2.9米。墓壁第一层的砌石厚大，最大者长达60厘米。第二层以上的砌石逐渐减小，周壁高至80厘米以后，开始内收，聚成尖圆形顶，中央用一块大石板封盖，墓室内高2.23米。墓道位于墓室之南，全长7.6、宽1、深3.4米，墓道内填不规则大型青石板，填高至1.6米后，其上则为夯土一层夹一层石，共有两层土两层石板。再上至地表全为填土，但不见夯迹。墓门近正方形，高1.1、宽1米，用两块大石板横立堵闭，特别坚固。

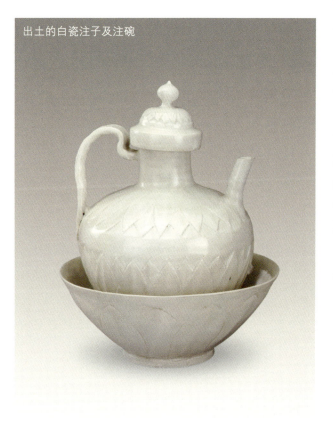
出土的白瓷注子及注碗

甬道长0.8米，两壁的砌法与墓室的砌法相同。

墓内沙土淤积很厚，葬具散乱，随葬品发现时已被取出，原来的位置不明。据说发现时墓室东部近壁处有南北向放置的柏木板，长约2.1、宽约1、厚0.07米，两端都有支架，表面满涂朱漆，可能为尸床。墓室中部稍偏北放一长宽约60、厚15厘米的方形花岗岩石板，上又置一厚3厘米的柏木板，两面涂漆。随葬品多放在石板前的地面上，木板上也放置部分小器皿。墓室内未见尸骨或骨灰。

随葬品有瓷、铜、铁器等。其中较为珍贵的有白瓷注子及注碗一件。白瓷注子，高17.7、底径9.2厘米，广肩、直颈、塔形盖，盖上穿两孔，圈足，腹壁外表周围刻仰莲瓣，肩上划五枚细阴线纹花瓣。胎厚坚硬，质略粗，呈白灰色。釉色白而微微闪青。白瓷注碗，高10、口径19厘米。敞口，深腹，矮圈足，腹外壁满刻仰莲瓣，胎质、釉色与注子大致相同。

白辛屯墓群出土的遗物中，一部分可能为辽代产品，如白釉长瓶，与在巴林左旗林东镇辽代上京古城周围所采集的陶长瓶的造型很相似。白瓷注子、注碗和小罐等，其胎釉的特点也与邢窑和定窑的产品不同，也可能为辽瓷。

从城址及墓葬形制、出土遗物判断该处城址及墓葬应属辽代。

‖18‖ 扎赉特旗巴拉嘎城址

撰稿：阿如娜　马永光
摄影：李岩　孟托

位于扎赉特旗巴彦乌兰苏木达拉吐嘎查巴拉嘎艾里北1公里处山坡上。

巴拉嘎城址呈长方形，面积15万平方米。城址保存状况尚好，城墙、马面痕迹清晰。现存马面7个，城墙2面，城门1座。东、南两侧为黑土与砂石土分层夯筑的城墙，夯层约10厘米。其中东墙边长500米，有马面4个，间隔约50米。南城墙边长300米，有马面3个，亦间隔50米。两面城墙残高3～4米不等，底宽10米，上宽3.5。东侧开门，门宽8米。城址西侧、北侧为借助山崖没有修筑城墙，山崖下有河流过，城址附近有多条乡间土路。

城址地表可见灰色、黑色陶片，及少量白釉瓷片，采集到的标本有灰色陶罐底部残片、白瓷碗底残片，均为典型辽代器物。结合城址形制及采集标本判断此城址应为辽代遗迹。

城址东墙

城址北侧崖体及河流

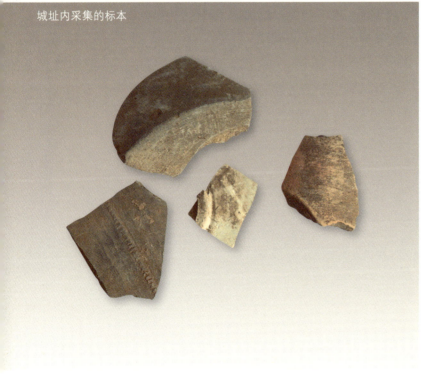

城址内采集的标本

⫿ 19 ⫿ 科尔沁右翼前旗归流河城址

撰稿：路瑶　杨大勇
摄影：田力明

位于科尔沁右翼前旗归流河镇归流河嘎查西侧。

归流河城址平面为长方形，南墙设门，宽10米。城墙为夯土版筑，东西长240米，南北宽120米，面积28800平方米。四角有角楼，东西墙各有一座马面，北墙有三座马面，南墙有两座马面。马面之间距离不等，呈半圆形，残高0.8~2米。

城址现已僻为耕地，地表散落有大量陶片，采集有泥质大卷沿灰陶瓮残片、平沿陶盆残片和布纹瓦等。从建筑形制及采集标本分析此处为辽金时期城址。

城址内散落的陶片

城址北墙

‖20‖ 科尔沁右翼中旗布敦化城址 ——

撰稿：秦宇　王虎
摄影：吴峰

科尔沁右翼中旗重点文物保护单位。

位于科尔沁右翼中旗巴彦胡硕镇布敦化嘎查牧场一队西侧，城址北靠沙坨，南临水泡子，西是布敦化艾里。

布敦化城址于1982年第二次全国文物普查中发现。

城址平面呈长方形，坐北朝南。南北墙体长115米，东西墙体长105米，占地面积12075平方米。城墙夯筑，基宽7.5米，残高1.5米，夯层约厚10厘米。南北墙设城门，宽10米。城内有建筑基址3处，残高1.5米。残存马面只能看到一座，残高1米。城墙外有护城壕。

城址内采集有石器、篦点纹陶片、残瓦当、灰陶罐口沿、青釉瓷片、布纹灰瓦片等遗物。根据采集遗物，判断该古城年代为辽代。

城址内采集的标本

城墙夯土层

城址北墙

‖21‖ 突泉县查干楚鲁城址

撰稿：包金泉　王建民
摄影：王建民

位于突泉县宝石镇查干楚鲁村东南1500米，城址东南为宝石镇，西南3公里为宝利村，南1000米由宝石镇通往西宝范村的一条乡间路，西侧1500米是查干楚鲁村，城址东、西、北三面为丘陵，南面为开阔地。城址坐落于河台东岸。

查干楚鲁城址基本呈长方形，现存三面城墙、一处城墙基址和城门。城墙残高1.5米，东、西城墙长125米，南、北城墙长140米，面积17500平方米。城址西侧有一城门，宽8米。城址内西南角有一建筑基址，平面呈长方形，宽4米，长6米，面积24平方米，残高0.8米。

城址内地表散落大量陶片，采集到标本有黑陶卷沿器物口沿，根据建筑形制和标本特征分析此处为辽代城址。

城址南墙

城址西墙

城址内采集的陶片

城址内发现的台基

‖22‖ 突泉县新立屯城址 ————

撰稿：包金泉　王建民

摄影：曲庆军

突泉县重点文物保护单位。

位于突泉县六户镇新和村新立屯南500米。城址北200米为东西向乡间路，西南3000米是永繁村，城址西6000米为六户镇所在地，北500米处是新立屯，城址东、西为平川，南500米蛟流河水自西向东流，北为浅山。1975年，吉林省考古队对此城址进行过实地调查。

新立屯城址呈正方形，周长920米，面积52900平方米。由于城址内与城址四周已变为耕地，城墙及城门、角楼等已受到破坏。城墙边长230米，残宽8~10米，残高0.6~0.8米。南城墙中部有一座城门，宽8米，是否有瓮城已不清楚。东北角、西北角各有1个角楼，残宽12米，残高1.2米。未发现马面及护城壕迹象。城址内偏北部有1处遗迹，大体呈长方形，长12米，宽8米，残高0.6米，可能为建筑台基。城址西南与于家屯城址相距3000米隔河相望。

城址内采集到陶片、白瓷片及少量石器。根据城址形制及采集标本，断定此处为辽代城址。

城址北墙

城址内采集的瓷器标本

城址内采集的陶器标本

城址内采集的石器标本

城址内台基

‖23‖ 突泉县于家屯城址

城址西墙

撰稿：包金泉 王建民
摄影：曲庆军

突泉县重点文物保护单位。

位于突泉县六户镇永繁村于家屯东1000米处，城址北3000米与新立屯古城隔河相望。城址西1000米为永范村，于家城址为河旁1～3级台地，北临蛟流河，四周为耕地。

于家屯城址于1982年全国第二次文物普查时发现，并做调查记录。

城址呈方形，面积为4900平方米。由于辟为耕地，城址墙体遭到严重破坏。现存城墙1组，土筑，边长70米，基宽4米，上宽1.2米，残高0.4米。城址内采集有灰陶篦点纹罐、盆、壶残片。根据建筑形制及采集标本分析，此处为辽代城址。

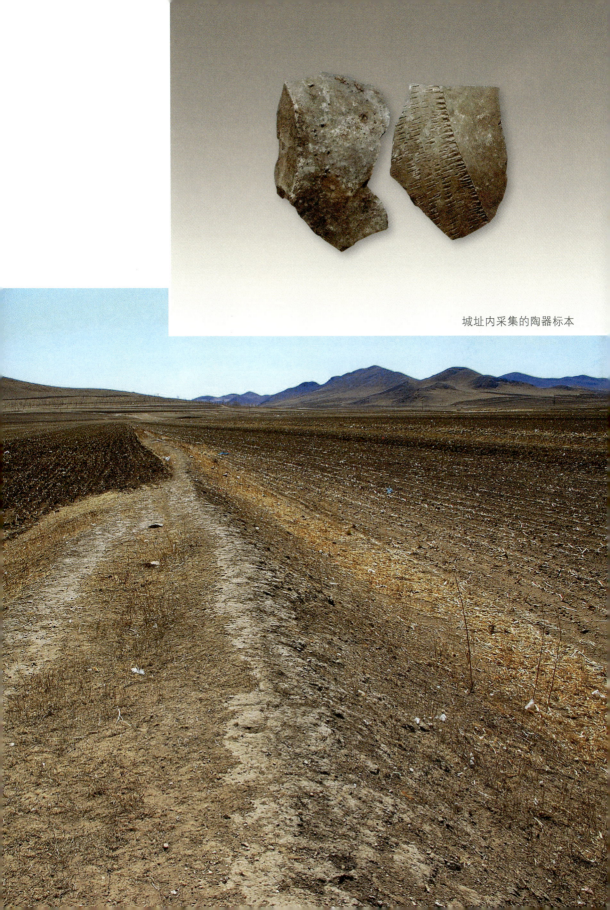

城址内采集的陶器标本

‖24‖ 扎赉特旗爱民屯城址

撰稿：阿如娜　冷雪松
摄影：李岩　孟托

扎赉特旗重点文物保护单位。

位于内蒙古自治区兴安盟扎赉特旗巴达尔胡镇查干居日河嘎查爱民屯西南1000米的山顶处，西侧和南侧借助山崖，山崖下为绰尔河，东为缓坡。

爱民屯城址呈圆形，周长500米，面积约为20096平方米。城墙为黑土与砂石土分层夯筑，夯土层厚约10厘米，基宽5米，高2米。东侧城墙有一个8米宽的城门，城门外侧为半圆形瓮城，瓮城门宽8米。东墙上3个马面为半圆形，底径5米，顶径2米，高2.5米。北侧有护城壕，宽1.5~2.5米，深0.3~1米。城内采集有灰陶卷沿罐口沿残片、白瓷碗口沿残片等。

从城址的地理位置及形制看出此城防御功能明显，结合采集标本，此处应为金代城址。

城址远景

城址下的绰尔河

城门

北墙

‖25‖ 突泉县双城城址 ———

撰稿：包金泉　高国庆
摄影：曲庆军

突泉县重点文物保护单位。

位于突泉县宝石镇宝城村村内。四周群山环绕，地处于蛟流河冲积平原上。距城址西约700米处，蛟流河由北向南流过，城址距25公里则金代界壕，南距24公里有六户古城址。

内蒙古自治区文物考古研究所李逸友先生1959年发表的《内蒙古突泉县发现辽代文物》一文，对古城的面貌做了较为详细的描述。1975年，吉林省文物普查队第五队对双城城址进行过实地调查。第二次、第三次全国文物普查中兴安盟文物工作者，对该城进行过复查。

双城城址分为内外两城，南北向排列，外城北墙与内城南墙相重合，外城即套于内城之南。南城址（外城）规模较小，北城址（内城）规模较大。

南城址现今城内为村屯，东西两城墙已不清楚，东侧有小河由东北沟内流来，以致将东墙冲刷一部分。城址只有西门，西门外有瓮城，城址三面城墙各长252米，残高1.2米，总长756米，面积63504平方米。东西城墙破坏严重，只有南城墙隐约可见。东距城址200米处有高台遗址一个，当地称"点将台"，现呈圆形，高

2.5米，直径20米。城址内采集文物标本有陶片、瓷片、铁器等。

北城址保存尚完整，城内为农耕地。东城墙长320米，残高3.5米，南城墙长414米，残高2.8米，西城墙长320米，残高2.8米，北城墙长414米，残高4.05米，周长为1468米，面积为132480平方米。城址东北距60米处有一高台遗址，呈长方形，南北长20米，东西宽7米，似原城内建筑，残高1米。城址东、北、西三面城墙各有三个马面，东西两墙马面之间间隔均在80米左右，北墙马面相距100米，南城墙因有城门共有两个马面。共计有马面11个，角楼四个。城址西北距30米处有一古井遗址。城址内采集的标本有大量的砖瓦碎片、陶片、瓷片；发现的铁器有兵器，如铁刀、铁蒺藜、铁镞、铁甲片；生产工具有铁锅、铁铧犁、铁锄、铁

城址全景

北城（内城）北墙

锹、斧、铁锤等；马具有马蹬；石器有石臼、石磨、石杵；在发现的遗物中有大量的古钱币，如熙宁通宝、崇宁通宝、元丰通宝等。

关于双城城址的年代问题，黄斌先生据历史记载和考古发现资料结合考证，认为该城址为辽代"四季捺钵"之"春捺钵"的必经之地和驻跸地。

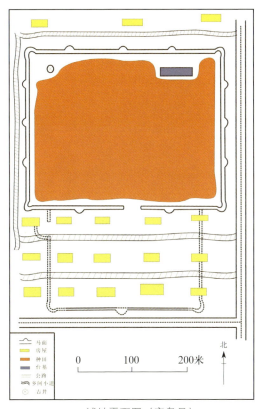

城址平面图（突泉县）

北城（内城）西墙

城址内采集的六耳铁锅

城址内采集的马镫

城址内采集的陶纺轮和陶片

⫴26⫴ 扎赉特旗巴达尔胡一号城址

撰稿：吴磊
摄影：李岩　孟托

　　位于扎赉特旗巴达尔胡镇西南1000米处，东巴彦乌兰屯东北的山地缓坡上，屯北1000米为音德尔镇至巴彦乌兰苏木公路。城址位于绰尔河的北岸，四周为耕地，周围植被覆盖较好。

　　城址平面基本呈长方形，城墙由黑土和砂石夯筑，东、西城墙边长163米，南、北城墙边长125米，城址面积20375平方米，整体保存情况较好，现存马面6个，瓮城1座，城墙1组，城门1个。城墙底宽7米，高1.5米。东侧墙体中部开一个8米宽的城门，外有瓮城，瓮城呈半圆形，瓮城门宽8米。东北、东南方向各有一个角楼，角楼呈圆形，直径为8米。东城墙有马面2个，北城墙马面有4个，马面间隔40米。马面均呈圆形，直径为7米。城址内有一条东南—西北向不规则的土墙，长220米，宽4米，高0.5～1米。

　　城址内采集有灰色素面陶罐口沿残片及陶纺轮等标本，从建筑形制与标本分析，此城应属金代。

城址近景

城址城门

城址东墙

城址瓮城

城址东北角楼

城址城南河流

‖27‖ 扎赉特旗巴达尔胡二号城址 —————

撰稿：阿如娜　马永光
摄影：李岩　孟托

　　位于扎赉特旗巴达尔胡镇巴达尔胡嘎查东0.5公里处的山坡上，山坡下有绰尔河流过，城址北100米为音德尔镇至巴彦乌兰苏木的公路。

　　城址平面呈正方形，边长130米，面积16900平方米。城址整体保存较好，现存马面6座，角楼4座，城门1个，城墙1组，圆形坑64个。城址墙体为土筑，底宽11米，顶宽2米，高0.8米。在东、西、北墙各有2座马面，平面呈半圆形。城内西北部有64个圆形坑，排列整齐，8行8列，南北间距为4米，东西间距为6米。作用不详。城门位于东城墙东南角处，宽8米。

　　城址内地表散落有灰色、黑色陶片，口沿残片及少量器底，多素面。可辨器形有灰陶卷沿罐口沿残片、灰陶器物底部残片，均为典型金代器物。由此断定，此处应为金代城址。

城址城门

城址东墙和部分北墙轮廓

城址近景

‖28‖ 扎赉特旗岗岗屯城址 ——

撰稿：阿如娜　冷雪松
摄影：李岩　孟托

扎赉特旗重点文物保护单位。

位于扎赉特旗新林镇新丰村岗岗屯西南0.5公里处，城址四周群山环绕，东侧0.5公里处有省际通道。

城址平面呈正方形，城墙边长150米，面积22500平方米。为夯筑土墙，基宽6.5米，残高1.5米。现存城墙1组，马面6个，城门3个。北墙开1门，东墙开2门，宽均为8米。南、北、西墙各加筑马面2个。城址已经被辟为耕地。采集标本有灰色素面陶罐口沿残片和灰色条纹陶罐腹部残片。

岗岗屯城址发现于1982年全国第二次文物普查期间。原名为新丰堡址，从建筑形制和采集标本分析此处为金代遗址。

城址东北角楼

城址东墙

城址西墙

‖29‖ 科尔沁右翼前旗好田城址

撰稿：尹建光　杨大勇
摄影：李岩　孟托

科尔沁右翼前旗重点文物保护单位。

位于科尔沁右翼前旗察尔森镇好田村五社南侧，城北为民居区，村子和城址位于丘陵合围的宽阔谷地内。

好田城址平面呈长方形，城墙南北长130米，东西宽110米，面积14300平方米。墙体夯筑，夯层厚约10厘米。城址保存状况较差，内外均被辟为耕地。南墙保存较好，墙基下宽7米，上宽0.5米，残高1.3米，中部设门，宽约15米。西墙南段保存较好，北段较差。北墙已经被毁掉，东墙南段保存较好。除西北角外，其余三角尚残存角楼3座，高1.5米，上宽1米，下宽9米。东西墙中部各有马面一个，高1.5米，上宽1米，下宽8米。

城内采集有泥质灰陶残片，其中的陶瓮大卷沿残片，金代特征明显。该城址是第二次全国文物普查期间发现，收录在《中国文物地图集·内蒙古自治区分册（下）》中，此外未发现有其他资料记载。根据城址形制和采集陶片纹饰判断，此处为金代城址。

城址西侧墙体

城址南墙局部及城门

‖30‖ 科尔沁右翼前旗好田五队城址

撰稿：尹建光　孙艳萍
摄影：尹建光　李岩

科尔沁右翼前旗重点文物保护单位。

位于科尔沁右翼前旗阿力德尔苏木好田村好田五队南50米处，东侧500米，西侧、北侧100米均为山峦，南侧为丘陵耕地。

好田五队城址建于山峦与丘陵间的平缓地带上，平面呈正方形，土筑墙体，四条墙体长度均为288米左右，面积约82944平方米。四面有角楼，东、北、西墙上各有三座马面。墙体残高0.8～1.2米，马面角楼残高0.8～5米，底径10米左右。南墙没有发现马面，正中建有瓮城，为半圆形，南北直径15米，东南角开门。东墙被碾压成田间路，墙体、马面低矮，但两端的角楼没有被田间路破坏。北墙附近为民居和场院，造成10米墙体和一座马面各被剥去一半。西墙保存状况最好，三座马面和两端的角楼形制清晰。西墙外为壕，

城址全景

被辟为耕地，壕宽约8米、深约0.7米。城内正北侧有一条东西长100米，南北宽50米的建筑台基。附进居民曾在城内捡拾到"开元通宝"、"嘉祐元宝"等铜币和铁犁、剪刀、六耳锅残片等铁器。城址地表散落有陶、瓷器残片，其中灰色陶片最多。

此城址是第三次全国文物普查期间新发现的文物点，以前没有进行过调查和发掘，也没有发现可供参考的文献。但从城址形制、出土物和采集标本分析，应为辽金时期的遗迹。

城址东北角楼

城址西墙马面

||31|| 扎赉特旗巴彦高勒城址

撰稿：阿如娜　冷雪松
摄影：李岩　孟托

　　位于扎赉特旗巴彦高勒镇巴彦高勒村西南2000米处山坡上。北城墙借助山崖，山崖下面为二龙套河。东侧150米为111国道由巴彦高勒镇途经该城址，西侧150米为省际通道公路。

　　巴彦高勒城址平面略呈圆形，周长314米，面积为7850平方米。东墙残长25米，南侧城墙残长60米，西侧城墙保存较好，长150米。城墙底部宽8米，上部宽1.5米，残高0.5～1.5米不等。城址现已被辟为"辽代驻军遗址"旅游区。

　　因受破坏程度严重，城址内城门、瓮城、角楼、马面等已无法辨认。但地表散布陶器残片较多，采集标本主要有素面灰陶片，灰陶卷沿残片，瓷器底部残片等。根据采集标本和建筑形制分析，断定其年代应属金代。

城址内南墙

║32║ 扎赉特旗浩斯台城址

撰稿：阿如娜
摄影：冷雪松

扎赉特旗重点文物保护单位。

位于扎赉特旗音德尔镇浩斯台嘎查西100米处山顶上，北2000米为绰尔河。

浩斯台城址平面大体呈方形，城墙为土砂石分层夯筑，夯层约10厘米。东、南、北三侧墙的边长均为170米，西城墙借助山崖，面积28900平方米。城墙基宽10米，上宽3.5米，残高1.5~2米不等，南城墙中部有一座8米宽的城门。东北角、西北角各有角楼1座，角楼直径为13米，高2米。三面城墙各有马面一个，马面均呈圆形，直径12米，高1.5米。

城址内地表散落灰色素面陶罐口沿残片和灰色素面陶罐腹部残片等遗物。根据建筑形制和采集标本判断此处为金代城址。

城址西北有一处遗址，名为浩斯台遗址，整体呈长方形，南北长61米，东西宽46米，总面积2806平方米。现已被辟为耕地。

城址全景

‖33‖ 科尔沁右翼前旗后民生城址

摄影：李岩　孟托

科尔沁右翼前旗重点文物保护单位。

位于科尔沁右翼前旗科尔沁镇哈拉黑办事处后民生村北1500米处，城址所处位置三面平缓，北侧为悬崖，其下是宽阔的归流河及谷地。

后民生城址形制不规则，平面略呈方形，边长150米，面积22500平方米。城址的东、南、西侧三面城墙为土筑围墙，北侧凭借悬崖没有筑墙。南墙中部开门，宽约5米，未发现马面。西侧墙体略呈L型走向，自南向北，初始平直，至接近北侧悬崖部位后，墙体依山势向西侧外展前伸，转角处呈V型硬角并筑有一座马面，底径约12米，残高5米；墙体到北侧悬崖边而止，终点为一座角楼，底径约15米，残高5.2米，与悬崖相合守卫。东侧墙体耕种车辆机械常年碾压，略低平，未发现马面痕迹。城址现存城墙残高0.8～1.2米，基宽8～12米。

现城址三面及城内均已被辟为耕地，

城址东侧墙体

城址南侧墙体轮廓

城址西侧墙体轮廓

城内遗迹情况不清晰，地表散落大量的灰色陶片，从残片可以判断有瓮、罐等器形，其中金代特征明显的灰陶罐大卷沿为判断城址年代提供了佐证。

该城址不见史籍记载，但从现有面貌可见其防御的性质比较突出。尤其是凭借悬崖代替北墙，西墙的转折处筑有马面，终点加筑角楼，重点的防御方向应该是城址的西北部河流及谷地。比较突出的具备了金代军事防御城址的特征。

城址西墙马面

‖34‖ 扎赉特旗后音德尔城址

撰稿：阿如娜
摄影：李岩 孟托

扎赉特旗重点文物保护单位。

位于扎赉特旗音德尔镇后音德尔嘎查西北2000米处。有一条通往音德尔镇的乡间路穿过后音德尔城址。城址位于河流南岸的坡地上，北侧城墙借助山崖，临陡峭的河岸而建。山崖下面是绰尔河，周围为耕地。

城址呈圆形，周长957米，面积约72500平方米。除部分城墙遭到一定破坏以外整座城址保存情况较好。城墙基宽8米，上宽3米，城墙高3～4米不等，城墙为黑土与砂石土分层夯筑，夯层约10厘米。南侧城墙东南部开一8米宽的城门。城址四个方向都建有角楼，角楼呈圆形，底径9米，上径2.5米，高2.5米。东南西三侧城墙各有马面2个，间距均为75米。马面呈半圆形，直径3米，高2米。城址内西北部有一处建筑遗址，呈长方形，长17米，宽7米，面积119平方米，此建筑遗址仍然清楚可见。

城址内采集到许多泥质灰陶片，多为素面，其中有器物口沿、器底，可辨器形有灰陶卷沿罐。从建筑形制及采集标本判定此处为金代城址。

城址东墙

城址西墙

城址东南角楼

35 扎赉特旗华南屯城址

撰稿：阿如娜　冷雪松
摄影：冷雪松

位于扎赉特旗胡尔勒镇宝力根花工作部永发嘎查华南屯东南1.5公里处。城址内地势平坦，已辟为耕地，保存情况较差。

华南屯城址呈长方形，东、西城墙均长196米，南城墙长232米，北墙被破坏，面积为45472平方米。南墙残高1.5米，中间开门，门宽8米。城址内共有5行台基，每行6个，台基东西间距4米，南北间距6米。台基高1.2米，宽4米，长6米。

此城址为第三次文物普查时新发现，城址内散落大量陶片，采集标本以素面灰陶残片居多。依建筑形制及采集标本推断此处为金代城址。

采集的标本

城址局部墙体

‖36‖ 科尔沁右翼前旗戚家店城址 ——

撰稿：尹建光　孙艳萍　杨大勇
摄影：李岩　孟托

科尔沁右翼前旗重点文物保护单位。

位于科尔沁右翼前旗科尔沁镇巴拉格歹办事处良种场村西北1500米处山上。城址南面是树地和一条山路，东侧为缓坡，其余两侧是山崖，其中北侧较为陡峭，其下有一条自西向东的自然河流。

戚家店城址依山而建，北高南低。平面形制略呈不规则的圆形，面积约为53100平方米。有三面黑土堆筑的城墙，北侧未发现有城墙痕迹，是以悬崖为险形成防御。东墙有四个马面，西墙有三个马面，南墙有两个马面，城门位于南墙的两个马面之间，宽约5米。此城四角有角楼。现存城墙高度在1～2.5米，角楼、马面的底宽在8～15米，高度2～4.5米。

此城址保存较好，没有明显的人为破坏痕迹，因年代久远、水土流失，致使墙体和角楼马面逐渐低矮。城内现在已经辟为耕地，因被作物遮挡，城内是否有其他遗迹尚不明确。在地表散落有布纹瓦、灰陶罐的卷沿、褐色陶片。1982年开展第二次全国文物普查时发现该城址。综合建筑形制和标本等因素，此城址为金代遗迹。

城址远景

城址西侧墙体及马面

城址西南侧角楼

‖37‖ 扎赉特旗其格吐城址

撰稿：阿如娜　高国庆
摄影：李岩　孟托

扎赉特旗重点文物保护单位。

位于扎赉特旗巴达尔胡镇其格吐嘎查其格吐七队东北山崖50米处。城址北65公里为金界壕，正南300米为音德尔镇至花园艾里的乡间公路。

其格吐城址大体呈圆形，东北、北、西北侧借助山崖，山崖下为绰尔河。城墙周长约710米，面积约40000平方米。城墙底宽10米，上宽3米，高1.5~3米不等，黑土与砂石土混合分层夯筑，夯层厚10厘米。城门位于南侧城墙正中，宽8米；城门外侧有瓮城，呈正方形，边长18米，面积324平方米，瓮城门位于南墙正中，宽8米。城门两侧各有四个马面，共八个，马面间距均为60米，马面呈半圆形，底径12米，上径4米，高3.5米。城址内中部有一处建筑遗迹，呈长方形，长18米，宽12米，面积216平方米。城址内地表散见碎砖瓦、陶片，采集到的陶片多为深灰色、素面、陶器口沿等。根据建筑形制及采集遗物标本分析，此城址应属金代。

城址城门

城址东墙

‖38‖ 扎赉特旗三连屯城址

撰稿：孙艳萍
摄影：李岩 孟托

扎赉特旗重点文物保护单位。

位于扎赉特旗巴彦高勒镇四方城村三连屯西南200米处，周围是耕地。东1500米为马站屯，城址南1000米为由西向东流的二龙套河，北100米是音德尔镇至宝力根花苏木的公路。

三连屯城址呈长方形，东、西墙长55米，南、北墙长80米，城址面积4400平方米。城墙基宽8米，高1.5米。南墙正中间开门，门宽8米，城墙四角有角楼，角楼底宽为10米，上宽2米，高2米。城址东、西、北城墙正中各有1个马面，马面底宽10米，上宽2米，高2米。四周有护城壕，城址内有房基9个，东西、南北各分3排，东西间距10米，南北间距为8米，台基长为8米，宽6米，高为0.6米。

城址内地表采集标本有灰色素面陶罐口沿残片等，根据城址形制及采集标本分析此处应为金代城址。

城址南墙

‖39‖ 扎赉特旗五连屯城址 ————————————

撰稿：阿如娜　马永光
摄影：李岩　孟托

扎赉特旗重点文物保护单位。

位于扎赉特旗音德尔镇巴达尔胡村五连屯北1000米山顶处，城址北侧为绰尔河，东侧、南侧均为缓坡，西侧为山崖。乡间土路由巴达尔胡农场场部北行直达五连屯。

五连屯城址大体呈长方形，南墙长250米、北侧借助山崖为险，东墙、西墙长210米。面积约52500平方米。城墙底宽7米，上宽1.5米，高1.5米。南城墙有两个马面，东城墙有三个马面，每个马面间隔60米。城门位于东墙偏南，门宽8米。有瓮城，翁城门宽8米。城址中部有两个长方形台基，台基1长为8米，宽6米，高1米；台基2长为11米，宽8米，高1.5米。东墙和南墙外各有一条护城壕。

地表采集标本有灰色篦纹陶罐腹部残片、灰色素面陶罐口沿残片。根据地表采集的陶片判断此处为金代城址。

城址近景

城址瓮城远景

城址城门

城址东墙

东墙护城壕

‖40‖ 扎赉特旗兴华三队城址 ——————

撰稿：阿如娜

摄影：孟托　李岩

位于扎赉特旗音德尔镇绰勒工作部兴华嘎查兴华三队东南150米处。城址位于低缓的坡地上，南墙下即为绰尔河。北侧3000米处为音德尔镇至黑龙江省龙江县的公路。

兴华三队城址基本呈长方形，东、西城墙边长105米，南、北城墙边长126米，面积13230平方米。保存情况较好，现残存马面2个，角楼4个，城门1个，护城壕1组，城墙1组。黑土与砂石土夯筑城墙，夯层约10厘米。城墙底宽6米，上宽1.5米，高1.5～2米。东墙靠南侧开6米宽的城门1个。东、北城墙各有马面1个，马面呈半圆形，底径7米，上径1.8米，高2米。城墙共有角楼4个，呈圆形，底径8米，上径1.8米，高2米。城四周有护城壕。

城址内地表散落有灰色、黑色陶片及少量瓷片。采集标本有灰色素面陶罐口沿残片、白色素面瓷碗口沿残片。从城址形制和地表遗物分析，此城应为金代城址。

城址北墙

城址北墙和东北角楼

城址东南角楼

‖41‖ 科尔沁右翼前旗白音花城址 ———————

撰稿：尹建光　杨大勇
摄影：孟托

科尔沁右翼前旗重点文物保护单位。

位于科尔沁右翼前旗额尔格图镇白音花村西南2500米处。东北角10米处有一处农民的住房和羊圈等附属物，四周是丘陵开阔地，城址建于平地上，平面呈正方形，城墙边长为200米，面积为4万平方米。

白音花城址四周墙体外侧是密集的榆树，刚好将城址包围起来，墙体长满野生杂草，城内被辟为耕地。城的四角有角楼，残高2.0～2.5米，上宽1.2～1.8米，下宽8～12米。四面墙体各附有两个马面，残高1.8～2.5米，上宽0.8～1.5米，下宽8～12米。南墙残高2米，上宽1.3米，下宽10米，墙中间有城门一座，宽约5米。城内未发现明显的建筑基址，地表散落有大量的陶片，曾采集有灰陶卷沿盆、瓮的残片及布纹瓦。附近居民在城内耕地时，发现过六耳铁锅和铁犁铧等器物。根据建筑形制和采集遗物器形、纹饰判断此处为辽、金时期城址。

城址南侧墙体

城址北侧墙体

城址西南角楼

城址内出土的铁犁铧

‖42‖ 乌兰浩特市前公主陵古城遗址

撰稿：高国庆
摄影：尹建光　刘小放　李岩　孟托

内蒙古自治区重点文物保护单位。

位于乌兰浩特市乌兰哈达镇前公主陵村北5米处，为辽、金时期城址。遗址处于群山环抱的小盆地中，古城北1公里是连绵不绝的丘陵，西面1公里以外重峦叠嶂直接大兴安岭。洮儿河在盆地西面的山脚下自西北向东南流过。这里北通扎赉特旗，南通洮安，向西北可沿洮儿河谷通好田古城，向西可沿归流河谷通往哈拉根台古城。

古城保存相对较好，平面呈长方形，方位北偏东20°，筑有内城和外城，城墙四周有护城河两道，有的地段内侧一道护城河有分岔，从而使这些地段变为三道护城河。护城河宽8～15米不等，其走向随角楼、马面的构制而向外弧凸，特别是内侧一道尤为显著。外城系夯土版筑，南墙长666、东墙长255、北墙长650、西墙长258米，墙基宽10米左右，残高1～3米，南墙偏东部有城门，宽23米，其外筑有瓮城。与南城门相对的北城墙有一宽18米的豁口。外城四角有角楼，墙上共有马

城址北侧墙

城址远景

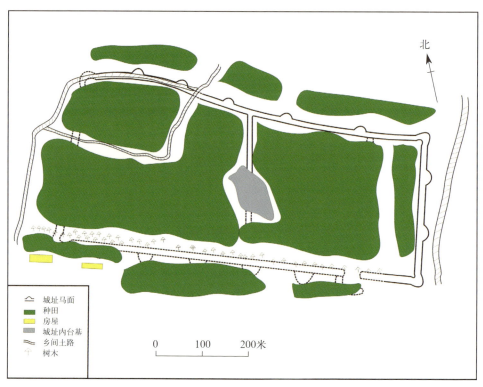

公主陵城址平面图

图例：
- 城址马面
- 种田
- 房屋
- 城址内台基
- 乡间土路
- 树木

0 100 200米

北

面15个，北墙6个，南墙5个，东西墙各两个，马面一般呈半圆形，之间的距离为90～150米不等。南墙东边两个马面呈长方形，并大于半圆形马面；南墙西端两个马面中心仅相距12米，底边几乎连在一起。这些变化可能是为了加强防御能力。城内东北隅有一南北宽180、东西长208米的长方形内城，内城与外城共用一面北墙，内城东墙距外城东墙仅68米，城墙宽约3米，南墙东段有一宽15米的门址。内城墙亦为夯土版筑。

古城内建筑台基排列整齐有序，多为东西走向。外城内的西南角有两个南北排列、一个方形、一个长方形台基；在这两个台基东边不远处有三个南北并列的长方形台基。在内城中，由南墙根中间向北有两个相距35、各宽12、长达80米的台基，东侧的台基北端向东拐成"「"形，拐角的南北两侧各有一个东西走向的台基。这些台基上都散布着许多布纹灰瓦、陶片和少量的兽面瓦当等。纵贯全城，值得重视的是内城中"「"形台基南侧那个台基，它南距内城35米，台基长60、宽30米，台基上不但散布着大量的残砖断瓦、兽面纹瓦当，还有不少宋、辽瓷片，而且是内外城中最宽大的台基，这显然不是一般居住宅，可能是该城的最高统治者的驻地。内城南门外两侧各有一个近长方形的建筑台基，似为守卫性质的建筑。

1975年春吉林省西部地区文物普查时，曾先后两次对前公主岭古城遗址进行调查，并对古城内城南门外西侧的建筑台基进行了清理和试掘，出土有兽面纹瓦当、筒瓦；陶盘、灰陶壶、陶器座；酱釉牛腿瓶、白瓷盘；双耳铁锅、双耳铁鼎、铁炭炉、铁蒺藜、铁镣、马衔、铜钱器物。另外，城址东北约400米处，发现有辽金时期墓葬群，面积2309.49平方米，墓葬形制有砖室单人墓、砖室合葬墓、石棺墓等。1990年乌兰浩特市文物管理站曾清理被破坏砖室墓一座，并出土"贺州官锡"锡锭、双龙纹铜镜、定窑划花花卉纹碗、定窑划花花卉文葵口盘、灰陶瓮、灰陶罐等器物。在墓地北侧还发现有一处高大台基，长11.4米，宽10.5米，砖石结构。台基南100米处有5具残存的"石像生"，其中4具是石人，一具为石羊。4具石人身高均为1.5米，头部都已破损。其中2个文官装束，身着朝服，手持笏板；2个武官装束，身披铠甲，手持利剑。石羊头部破损，足残断，其余部位较好。墓葬附近散布大量布纹瓦、青砖残块，说明墓葬早已被破坏，现墓葬具体数量已不详。

根据古城形制、出土文物分析，这座

城址北墙和墙上马面

古城应建于辽代，沿用至金代。其修筑坚固，防守严密，布局井然有序，可能是官府驻地。《科尔沁右翼前旗前公主岭一、二号古城调查记》一文中从规模和形制、地理位置和地理形势综合分析后认为，前公主岭古城遗址作为辽金重要边防城金山县治最为合理。

《辽史·地理志》边防城条载："静州，本泰州之金山，天庆六年升。"明确指出，天庆六年前金山县在行政上曾属泰州管辖，并且是辽代的边防城。《辽史·地理志》泰州条下的属县内不载金山县，是因为天庆六年升州的缘故。金山县升州之日，正当女真军攻城略地而辽军节节败退之时。在这种情况下，升金山县为静州，应是出于军事上的需要。"金山升州，可能是作为东北路统军司与西北路招讨司的联系站"。可见，金山县应是军事上的要地。

在金初承安三年前，金山县仍为金代

辽代"贺州官锡"锡锭

东北路一个重要边防城，《金史》载："初，朝廷置东北路招讨司，泰州去境三百里，每敌入，比出兵进袭，敌已遁去。至是宗浩奏徙之金山，以居要害，设副招讨司二员，置左右，由是敌不敢犯"。这条史料中有两点比较明确：第一，金山县比泰州更接近金代边境，其位置当在泰州与金代边境之间的三百里之内；第二，金山县的治所在地里形势上应是金代边境一处利于防守、便于出击的军事要地，两个副招讨司的驻地去金山县亦不会太远。又金初泰州即吉林省洮安县程四家子古城，其东、南皆为金的内地，北为金的乌骨敌烈部，不存在边防问题，因此，金山县治只能在泰州之西或西北，

金代界壕遗迹也恰在泰州之西和西北三百里内外。

辽金泰州州治洮安县程四家子古城西部和西北部发现有60余座辽金古城。其中40余座周长不超过1200米，这样的小城，显然不能是辽金重要的边防城金山县的治所；而另一些周长1200米以上的辽金古城，如科尔沁右翼前旗白辛屯古城、察尔森镇后沙力根古城、乌兰浩特市乌兰哈达镇古城等，规模仍嫌过小，有的防卫设施还很差；科尔沁右翼前旗的哈拉根台古城，科尔沁右翼中旗的吐列毛杜一、二号古城，毛改吐古城等虽然较大，自身防卫设施完备，地势险要，但到泰州州治均超过三百里，仅这一点就不符合关于金山县

辽代灰陶龙纹鸱吻

辽代双龙纹铜镜

公主岭北墓群出土金代石雕像

公主岭北墓群出土金代石雕像

辽代灰陶乳钉纹器座

北宋定窑划花花卉纹碗

北宋定窑划花花卉纹葵口盘

的记载。

前公主岭古城东南距程四家子古城两百多里，今有公路直通，沿途分布着许多辽金小古城；古城向西和西北分别沿归流河谷和洮儿河谷，不到百里即第一条金界壕。在第二和三条金界壕之间还有两座较大的辽金古城：好田古城和哈拉根台古城，这两座古城防卫严密，地势险要，两城到前公主岭古城的距离略等。如果东北路招讨司徙驻的金山县治即是前公主岭古城，那么将两个副招讨司分置于左右的好

田古城和哈拉根台古城，这从地理位置和防边需要看也尚合理。

另外，距前公主岭古城一百五十里的索伦公社比其格台的石崖上，书有"柴金山龙王地百龙王"（下缺）和"金山县住人□拾万家作义□事平州□□□□□荣记"的古代摩崖墨书题记。题记虽未写年款，但除辽金以外，这一带并无金山县的设置，这一摩崖题记或亦可作为辽代和金初金山县即是去此不远的前公主岭古城的佐证。

43 乌兰浩特市古城城址

撰稿：高国庆　谷利友
摄影：李岩　孟托

内蒙古自治区重点文物保护单位。

位于乌兰浩特市乌兰哈达镇古城村北10米处，城内地势平坦，城址北侧为丘陵山体，南城墙上种有人工植被，植被以杨树为主。城址东侧15米处有居民房，西侧10米处亦为居民房，该区域属低山丘陵农区。遗址保存相对完整，但原有的城墙、角楼、马面现均有不同程度的损坏，城址内被辟为耕地。

古城城址外观呈不规则正方形，无内城。城墙为夯土版筑，四角有角楼。城墙基宽9.5米，残高0.5米，城址东北角角楼

城址西墙

城址北墙和墙上马面

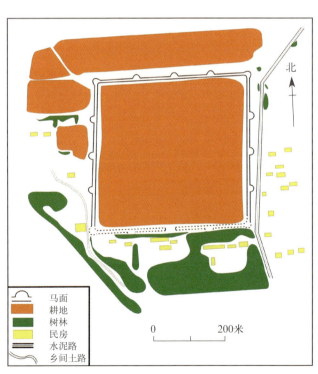

北

马面
耕地
树林
民房
水泥路
乡间土路

0   200米

古城城址平面图

夯土层厚度10厘米。北城墙长342米，南城墙长340米，东城墙长337米，西城墙长332米，城址总面积约115254平方米。城墙由马面、角楼组成，城东南部有水井1眼。城址内地表残留大量滴水、板瓦、筒瓦等建筑构件及陶瓷片，采集较多的有泥质素面灰陶片、夹砂缸胎陶片、辽白瓷残片等。所见遗物均有典型辽、金时期特征，据此判断该城址为辽、金时期城址。1975年吉林省西部地区文物普查时，该城址也曾被认定为是辽代城址，金代沿用。

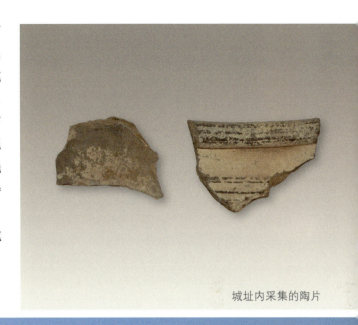

城址内采集的陶片

城址北墙上的马面

‖44‖ 科尔沁右翼前旗后沙力根城址

撰稿：尹建光　司育国
摄影：李岩　田力明

位于科尔沁右翼前旗察尔森镇后沙力根嘎查东北6000米处的山坡上，宽阔的洮儿河在城址的西、北侧流过。从城址内可以望见河流和辽阔的河间谷地。

后沙力根城址依山而建，东北高，西南低。形制不规则，平面略呈正方形，面积约121万平方米。城的东、南、西三侧为土筑城墙，墙外为壕，壕宽8～10米，深约0.3～0.8米。北侧依据陡峭的悬崖为险，没有堆筑城墙，崖下就是洮儿河。西、南侧城墙边长约1100米，上宽1米，下宽3米，残高约1～1.2米。西墙中部有一城门，宽5米，墙外为缓坡，可直达洮儿河岸边。城东北、东南、西南各有一座角楼、角楼高约1.2～1.5米，上宽1米，下宽3～3.5米，三面城墙各有2座马面，马面高0.8～1.2米，上宽1米，下宽2.5～3米。城内东北处为城址最高点，站在此处视野开阔，可以环视城内及周边情况。城址内地表是低矮的野草，没有发现建筑基址和标本。

该城址为第三次全国文物普查期间新发现的文物点，以前没有进行过调查和考证，结合形制和地理位置判断，为辽、金时期的遗迹。

城址远景

城址西侧墙体轮廓

‖45‖ 科尔沁右翼中旗吐列毛杜古城遗址

撰稿：包金泉
摄影：吴峰

全国重点文物保护单位。

位于科尔沁右翼中旗吐列毛杜镇北约1公里，东南距旗所在地白音胡硕100公里。古城坐落在科尔沁右翼中旗西北部，大兴安岭东侧，其西北5公里为金代界壕。古城地处于霍林河河谷平原的北侧，后依北山。东为大兴安岭群山余脉，再东接松嫩平原。古城西大兴安岭南干群山。霍林河从城西流来，至古城南1公里许与西南流来的昆都仑河汇合，向东流。霍林河两岸对持，山间形成1至2公里宽的河谷平原。

1978年内蒙古文物工作队、吉林大学历史系考古专业和原哲里木博物馆的同志，对吐列毛杜古城进行考古调查与发掘。之后第二次、第三次全国文物普查中复查过。

吐列毛杜古城分为东西两座，相距160米。西城较大（一号古城），东城（二号古城）较小。一号古城方向160°，二号古城方向30°。

一号古城坐落在北山角下，西北部地形较高，向东南倾斜。呈长方形，南墙长490米，北墙长490米，东墙长700米，西墙长670米，周长2350米。东、南城墙

中部各有一座城门，外有瓮城。瓮城呈马蹄形。城墙保存较好，残高1.5～2米，底宽15～16米。城墙为黑土与砂石土分层夯筑。城四角设有角楼。城墙外侧筑有马面，南城墙马面6个，北城墙马面7个，东、西城墙马面各有9个。每个马面间距平均70米。城墙外侧四周有护城壕。

城内现为耕地，建有住宅，但是原来地表上的建筑布局还依稀可见。在一号古城内偏南部一组建筑基址，面积约1万平方米。这组建筑基址可分为13处，最南边的一处建筑基址四周建有围墙，呈正方形、边长40米。墙内靠北侧有一大型呈长方形建筑台基，长30米，宽10米。其周围散落有许多半砖残瓦片等；城址中部有一围墙，呈长方形，长160米，宽80米。其中布满大坑。坑内堆积均为风淤黑土，十分坚固，没有遗物，疑是粮仓。城址西

一号古城东墙远景

南角、西部、北部都有一些建筑遗址。一号城址内建筑基址不是很多，说明居民很少。

二号古城在一号古城的东侧，地势平坦。平面呈方形，南城墙长385米，北城墙长385米，东城墙长320米，西城墙长320米，周长1430米。

城墙保存一般，残高近1米，宽4～5米，为黑土与砂土分层夯筑。北城墙稍偏东，有一城门并有瓮城，呈长方形。东城墙正中开一城门，无瓮城，属于便门或"角"门。城墙四角方正，无角楼马面。城墙外侧有护城壕。

二号古城内建筑布局十分规整，区与区之间，建筑基址与建筑基址之间均有用砂石铺成的街道，且路面笔直平坦，宽约6米。在方形或长方形建筑基址间又有一些圆形台基。经挖掘发现圆形台基中间都

有灶址，疑是毡帐基址。

吐列毛杜一、二号古城址内采集到的遗物较为丰富，有陶片、瓷片、石器、铁器、铜钱。陶器主要器形有卷沿或折沿罐、瓮，均为细泥深灰或浅黄色陶器，多素面，无纹饰。也有黑釉、白釉瓷片；铁器有铁刀、铁锏、铁矛、铁锄、铁铧犁、铁马镫、铁蒺藜等；钱币有开元通宝、熙宁通宝、崇宁通宝、元丰通宝、绍兴通宝、正隆通宝等。根据采集遗物来断定为，吐列毛杜一、二号古城遗址年代为金代。

金界壕在吐列毛杜西7公里的东白音乌兰，跨过霍林河，转向西南。沿线每隔二三十公里便有一座周长约1000米的古城，并配有边堡。其中吐列毛杜的城址规模最大，地处兵家必争之地，成为金代初期东北路的军事重镇。

吐列毛杜古城遗址在金代边防城中地

一号古城西墙露出的夯层

北

	瓮城
	马面
	居民房屋
	树林
	耕地
⊗	水井
	铁路
	公路
	乡间土路
	壕沟
	树苗

0   100   200米

吐列毛杜古城平面图

理位置十分重要，是金代重要的交通要道，是进入蒙古高原的咽喉，为临潢路与东北路的分界。该城址西北5公里即是金代边防军事体系金界壕（金长城），在霍林河流域金界壕内侧分布的城址与边堡中，吐列毛杜古城址面积大，城市设施完备，地理位置重要，是金界壕防御体系中的重要环节。经考证，金天会初年降金的乌古、敌烈部族就被安置在这一带，而吐列毛杜古城遗址可能为金初所设的乌古敌烈统军司治所。这座古城的完整布局以及与金界壕的相互关系，是研究辽、金、元时期的兵制、边防、民族关系、生产生活的宝贵资料。

城址内采集的陶片

城址内采集的铁马蹬

城址采集的钱币

‖46‖ 乌兰浩特市西白音城址 ————

撰稿：高国庆　尹建光
摄影：刘小放　李岩

乌兰浩特市重点文物保护单位。

位于乌兰浩特市义勒力特工作部西白音村村南2公里处，地处地势平坦的农耕平原田中，乌兰浩特市至阿尔山公路在遗址西1公里处南北通过。城址呈长方形，无内城，城墙为夯土板筑，东西长157米，南北长186米，城墙残高0.5米，总面积29202平方米。城墙因历年来农田耕种，保存现状较差，现只可见城址大体轮廓，未发现马面、角楼、城门等建筑物，地表现可见零星散落陶瓷片，多数为灰陶片或缸胎陶瓷片。从以往的出土文物及研究资料断定，此城址为辽金时期城址。

1992年春天，西白音城址东墙200米处出土了一座元代窖藏。一口倒置的铜釜内放置着一件碧玉盘和多件元代瓷器。瓷器为江西景德镇窑和山西霍窑制品，器形有盘、碗和高足杯，装饰技法有卵白釉堆花五彩、卵白釉划花、青白釉划花、白釉印花等。其中的卵白釉堆花五彩描金花卉纹高足杯和青花獏纹碗十分珍贵。兴安盟博物馆副馆长尹建光先生所写的《内蒙古出土的元代景德镇窑青花獏纹碗》一文及文博研究员钱玉成先生所编的《探寻兴安

历史文化》一书中，对这批窖藏出土瓷器做了较为详细的介绍。

元代景德镇窑青花獏纹碗，碗高8.3厘米，口径17厘米，底径6厘米，撇口、弧壁、圈足。自口沿向下胎体逐渐加厚，圈足内及足底涩胎无釉，外足墙近底处有一周向外斜削痕迹，亦无釉，无釉处均呈火石红色，偶可见洁白细致的胎体。碗施青白釉，国产料绘青花纹饰，发色清幽淡雅。其中外壁纹饰颇具元代青花瓷器绘画

元代白釉印花凤纹盘

特征，布局疏朗、手法粗放而娴熟。口沿处为一道弦纹，上壁为一周缠枝莲花纹，共有4朵，枝蔓处笔触较粗而显着色重，而莲花只是略用重笔晕染几下，其余均为细线勾勒轮廓而其内留白，花瓣的顶端尖如麦芒，中腹为两道弦纹。下腹部等距绘有八个仰莲瓣纹饰，均用粗线绘制莲瓣轮廓，且莲瓣间互不借用边框，分界明显，每个莲瓣内有细线描绘的如意状云头一个，莲瓣下又是一道弦纹，外壁所绘弦纹发色均较浅淡。碗内部纹饰工笔精细，毫无粗放感觉，犹如一幅工笔画。碗内口沿至中壁，绘有一周缠枝菊花纹，也是4朵，且所绘位置与外壁的莲花内外呼应；亦是枝蔓用粗笔，花朵用细笔勾描，但整体感觉较为纤细连贯，笔触过渡自然，不似外壁纹饰那样变化明显。缠枝菊纹下中腹位置有四道弦纹，两道一组，发色亦是浅淡。该器物纹饰的最精美处则是碗心的那只在如意云下欲做跳跃状的花斑瑞兽"貘"。

此碗为元代景德镇窑烧制，其器形、尺寸与北京市西城区旧鼓楼大街窖藏出土的盘龙纹碗、内蒙古包头市郊区燕家梁出土的荷塘鸳鸯纹碗相近，而这三件碗的装饰技法和布局也极相似；均为外壁上部绘缠枝莲纹、下部绘莲瓣纹；器物内壁上部是一周缠枝花卉，碗心绘主题纹饰，内外壁均有弦纹做辅助纹饰。

出土的另一件精美瓷器为元代景德镇窑卵白釉堆花五彩描金花卉纹高足杯，高13厘米，口径11.5厘米，足径6厘米，外观与常见的元代金杯形制相近。撇口、弧腹、自下腹内收，至胫部与柄相连；竹节状柄呈锥形，上收下展，有三道突起的弦纹，柄部中空砂底。杯通身施卵白釉，其上以沥粉法勾勒出花卉纹饰图案，再以红、绿等色及金彩描绘；器形优美端庄、色彩艳丽而不失高贵。1994年，被国家文物局专家组定为一级甲等文物，也就是俗称的国宝级文物。

元代卵白釉印花花卉纹碗

元代青花貘纹碗

元代卵白釉堆花五彩描金花卉纹高足杯

元代青花龙纹高足杯

元代青白釉划花花卉纹碗

47 科尔沁右翼中旗代钦塔拉古墓群

撰稿：孟建仁　朴春月　高国庆
摄影：李铁军

科尔沁右翼中旗重点文物保护单位。

位于科尔沁右翼中旗代钦塔拉苏木西北2.5公里处山峰南坡上，东有一条雨季水冲沟，东西为山脉，南望111国道。墓地南距科尔沁右翼中旗所在地白音胡硕镇20公里，西南距罕嘎力水库4公里。

代钦塔拉古墓群为一家族墓地，大致呈长方形分布。长约250米，宽约100米，面积近25000平方米，已发现有墓葬17座。1991年9月，兴安盟文物站、科尔沁右翼中旗文物管理所对该墓群进行抢救性清理，当时墓地共发现九座墓葬，分别编号为代M1—M9，有三座曾被盗掘，其中两座已被盗空，一座在墓道位置盗了一个大坑，编号为代M3。此次发掘仅对3号墓进行了抢救性清理。

墓群分布较为规整，1—5号墓分布基本为一行，6—10号墓为另一行，其余分布较零乱。两座被盗空的墓葬为石块垒砌的圆形单室墓，直径3.5米，券顶，木门

辽代木质棺床小帐

长方形，方向160°。

代M3为砖室穹庐顶方形多室墓，由墓道、墓门、甬道、前室、左右耳室、后室、木椁室组成。方向为155°。地表至墓底深8米。墓道斜坡式，长12米，两壁略斜，上宽下窄，下宽1.65米。墓门青砖垒砌，由墓底砌至墓顶，通高2.90米。拱形墓门内装有木门框，并安有两扇木门，高2米，宽1.50米，木门上安装有门锁。墓门由青砖封堵，青砖外侧又用石块封堵一层。甬道长2米，宽1.50米，高2.50米，券顶。前室长方形，长3.89米，宽2.76

米，高3.12米穹庐顶。在前室西、东、南三侧壁绘有壁画，大部分已脱落。左、右耳室长方形，左耳室长2.05米，宽1.63米，高2.20米；门高1.30米，宽0.98米。右耳室长1.95米，宽1.67米，高2.20米；门高1.20米，宽0.87米。左、右耳室各有两扇木板门，其中右耳室门框横楣折断，用一根桦木棍支顶。前室与后室间以甬道相连。甬道长2.10米，宽1.38米，高2.50米。后室长方形，长3.80米，宽4米，高3.35米。入口处装有两扇木门。墓室垒砌方法采用一层平卧与一层侧立交替砌法，

墓底平铺一层青砖，之上再铺一层10厘米厚的筛过的细沙，出土时在细沙上仍可看到当时留下的两行脚印。四壁涂刷白灰面。墓室垒至1.40米处开始向内叠涩起顶。

木椁室也称棺床小账，位于后室正中，为歇山顶屋宇式木构建筑。除钉、锁、合页外，均木质榫卯结构，由底座台基、四壁、顶三部分组成。平面呈长方形，通高2.91米。底座台基先用方木互相咬合、搭出四框，再用木板铺垫而成，长3.06米，宽2.43米，高0.10米。台基座上

直接承放柱架，柱架由4根角柱，8根檐柱围成，四壁用木板拼装。门为两扇，上有菱形窗棂。门高1.56米，宽0.95米。各柱头间上托额枋，额枋上接檐枋，柱角间以地栿咬合搭接，地栿至额枋高1.89米。柱额上用叉手拱，角梁承放椽望，顶板和脊瓦组成椽顶。正脊正中安放宝珠式脊刹，两侧安放鸱尾，椽顶高0.92米。在额枋、檐枋外侧以墨线绘一斗三升。除台基外皆涂红色。

尸床横放于木椁室内。木质，由床身及安装于其上的三面围栏组成，大部分为榫卯结构。由上下枭和束腰木板围成长方形须弥座床身，床板用木板条顺钉于床身。床身正面束腰处以墨线绘四只瑞兽。围栏为巡杖式，无拦板。望柱为雕制，用铁钉钉在床身背面和两侧上枭上。床身长2.23米，宽1.41米，通高0.72米。角柱高0.4米，围栏高0.32米。

尸床上原罩有一融纱帐，出土时已脱落，覆于尸体上。木椁室顶部正中悬一面直径32厘米的银镜。木椁室内尸床前摆放一木质供桌，已朽坏坍塌，出土时桌面上还摆放着瓷碗、瓷盘、骨筷等器物。尸床左上角床板上放置一块长1米、宽0.06米，厚0.01米的木牍，两面墨书契丹大字，两侧记有筹码符号。一把绢扇夹于尸床围栏与木椁室板壁之间，丝织品6包堆放于尸床左下角地板上。木椁室内还放有木质梳妆盒、唾盂等物。

此墓为合葬墓，尸体陈置于后室内的木椁室尸床之上，男尸在外侧，女尸在内侧，头向西北，皆仰身直肢。女尸脑后残存两条发辫，发辫套于两个黑色发套内，头顶部残存少许发丝，仍可辨出发式是由

辽代褐釉穿带壶

头顶梳向脑后。两只龙凤形錾花金耳坠位于头骨两侧，颈部佩戴有用丝线连缀的珍珠项链一条和用丝线连缀的金花球、琥珀、蓝色多面体水晶球项链一条；手指戴七个镶绿松石金戒指，两腕戴一副錾花金镯。女尸着的丝质衣服大部分已朽烂，但仍可辨出入葬时穿着几套服装：上身贴身一件右衽绢质单衫，下身一件丝质裌裙；第二层上身一件右衽丝质裌衫，下身一件丝质绵裙；第三层为一件丝质金丝线绣风棉长袍，腰部佩戴的一只荷包内装一条包裹着一根金针的丝巾。足穿一双软底靴。男尸双耳佩戴一副金耳坠，腰部佩一把腰刀。刀已锈蚀，形制不清。腰部一只荷包，内装一条丝巾。巾内包裹着一块骨牌，牌上线刻一只虎头。男尸身着服装只

能辨认出：外着一件丝质金丝线绣花棉长袍，腰部束铁质腰带，已锈蚀难辨，足穿一双绣花软底鞋。

随葬品主要置于后室、木椁室和左、右耳室内。后室放置有金银器、铁器、瓷器等；木椁室内放置几包丝质衣物和一些梳妆、洗漱用具；左耳室放置陶瓷器、桦树皮器，均为生活用具；右耳室放置两套马具。墓内随葬品按其种类有金、银、铁、陶、瓷、木器及丝织品等，从用途上分，有装饰品、生活用具、马具等。

墓前室东、西、南三侧壁面白灰面上绘有壁画，多数已脱落，漫漶不清。壁画内容大体可分为三部分，即侍者、出行、放牧。

侍者绘于后室门两侧。左侧侍者男性，正面。头顶梳一发髻，用一根簪子别住，身着红色圆领长袍。腰部画面脱落。足穿长筒靴。面部丰满，表情自然。右侧侍者绝大部分已脱落，只剩面部小部分，从残留的部分推测可能是一女性。

出行图绘于东壁，部分已脱落。一位男性，身着红色圆领右衽长袍，领口露出白色中襌，足穿长筒靴，双手合抱胸前，身后放一把椅子，似在看着前面两人在套车。套车人身穿长袍，足穿长靴，弯腰动手，动作自然逼真。车的画面大部分脱落，形状不甚清楚。车左侧绘有两匹备有鞍具的马，一匹红色，一匹白色。马的前面上侧绘有驼群。骆驼为红色，大部分脱落，只能看清头部的驼峰。西壁靠近后室一侧绘有三车。车用三叉木棍支起，车旁放一高足火炉，火炉上架一口大锅，锅内煮一只全羊，锅旁立一犬。向锅内张望。

放牧图绘于西壁。耳室门上方绘一群

辽代褐釉穿带扁壶

辽代八蝶纹铜镜

辽代绿釉注壶温碗

辽代绿釉盆

辽代绿釉錾耳壶

辽代黑陶瓶

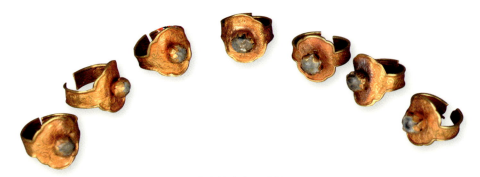

辽代金镶嵌宝石戒指

羊。羊头黑色，身白色。羊群后绘有两个牧童，身着白色长袍，右手挥动牧鞭在驱赶羊群。在羊群右下方绘有牛群。牛群分为红、黑、白三色。牛群右下侧有一头红牛与一头黑牛正在交配。牛群左下方绘有奔驰的群马。

代钦塔拉3号辽墓随葬品丰富，保存完好，是研究辽代历史的又一珍贵资料。墓内虽然没有墓志，但出土一件契丹大字木牍。从墓葬规模和随葬品情况，可以看出这是一座契丹大贵族墓，应该是一处家族墓地。

其形制与辽耶律羽之墓和辽驸马墓形制相同，具有早期辽墓的特点；墓内随葬的鸡冠壶也具有辽代早期特征，因此可以推定，此墓时代应为辽代早期。墓室内壁画只见于前室，绘画技法简练，构图简单，内容以写实为主，表现的是墓主人日常生活和契丹人游牧活动的场景，结构简洁，风格朴实，反映这时期还没有出现中、晚期辽墓壁画中所见的那种华丽浓艳

的大型出行游猎场面。这也是早期辽墓壁画的特点。

墓内随葬品不仅有生活用陶瓷器，而且还有生产工具如斧、凿、锤、剪，武器如弓、矛、刀、镞，以及放置于马架上的成套马具，这些物品都是死者生前曾使用的实用器。从出土的铁炭炉和铁铲、火钳，以及生活中使用的游猎用具、墓室壁画内容，似乎反映出这个时期的契丹人还处于四处游牧、居无定所的游猎生活阶段，社会生活仍以畜牧经济为主。由于社会生活和经济基础还没有具备中期繁荣昌盛以及后期奢侈豪华的条件，因此还未曾出现专用随葬的明器和使用面具及网络的葬俗，只局限于随葬日常生活和生产的实用物品。从这些随葬品的丰足程度看，契丹贵族的厚葬之风已见端倪。

墓中的双鱼形鎏金铜饰件，出土时缀于马具胸带之上，明确地表示出用途和使用方法，因此使我们对以往辽墓中出土的同类物品有了正确的认识。

‖48‖ 科尔沁右翼中旗西尔根墓群 ─────────

撰稿：包金泉 高国庆
摄影：李铁军

　　位于科尔沁右翼中旗巴彦胡硕镇西尔根工作部西尔根嘎查西尔根艾里北3500米山沟西坡下，墓群东西北三面环山，南望山沟农田。一条从西尔根通往巴彦呼舒镇的水泥公路于遗址东侧穿过。

　　西尔根墓群呈长方形，长126米，宽57米，分布面积为7182平方米。共发现12座石室墓。墓群整体排列无序，均为石砌穹隆顶墓，地表不明显，地表至墓室顶部封土2.90~4.30米，墓室为圆形直径2.40~3.50米。由墓室、墓道、墓门组成.

　　2006年7月18日，兴安盟文物站接到

远景

辽代黄色地团窠联珠大雁、鸳鸯纹织锦夹袜

辽代黄色地团窠联珠大雁、鸳鸯纹织锦风帽

辽代鹿皮弓囊

举报电话，称科尔沁右翼中旗西尔根苏木东山有一座大型古墓被盗掘，其古墓中的随葬品被盗墓分子洗劫。案发后，兴安盟文化局和公安局刑侦支队联合对该案开展了侦查。侦查工作历时三个多月，办案人员经过艰苦细致的调查，行程近万公里，终于成功破获了此案，抓获盗掘古墓的犯罪嫌疑人九名，共收缴辽代文物24件（套）。所收缴的文物经内蒙古自治区文物鉴定委员会专家鉴定，认定其中有一级文物2件、二级文物6件、三级文物13件、一般文物3件。

根据墓室结构、墓葬形制及收缴文物断定此处属辽代墓群。

辽代黑陶鸡冠壶

‖49‖ 科尔沁右翼中旗巴日哈达洞壁题记

撰稿：张少珊　包金泉
摄影：包金泉

科尔沁右翼中旗重点文物保护单位。

位于科尔沁右翼中旗吐列毛都镇罕查干嘎查罕查干艾里北3公里处的山沟西坡半山腰山崖上，距山底100米，十分引人注目。这一地区山石陡峭、草木茂盛、风景秀丽，其东西为山脉，南望山沟，山下有一条四季流淌的山溪，也是一处旅游的佳境。"巴日哈达"即蒙古语"虎形石崖"的意思。墨书题记即在此山洞内。

巴日哈达洞为人工凿成的半圆形山洞，洞口向南，从洞口进深4米，东西长8米，面积32平方米，比较宽阔。题记刻于洞壁之上，共有6处，均为竖行，以契丹文、汉文和蒙古文等几种文字题写的属于不同时代的题记。1978年9月契丹文字研究专家刘凤翥先生曾到此考察和摹录洞壁墨书题记。

题记所在山崖洞口

题记所在山崖全景

题记所在山崖近景

题记近景

题记近景

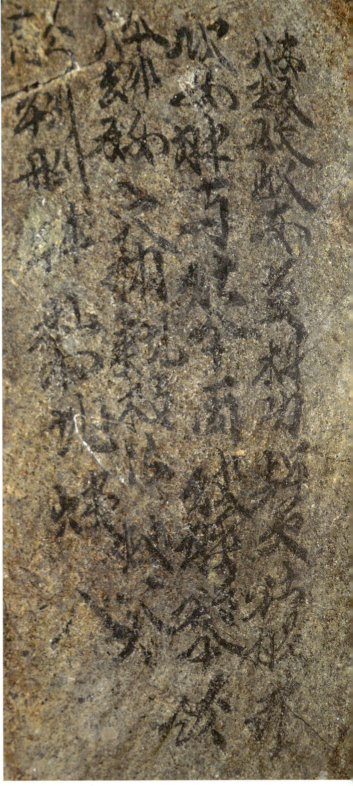

题记近景

因年代久远，大部分题记字迹模糊不清。其中一处题记内容涉及确切纪年，用汉文和契丹小字对译书写，摹录如下：

第一行为 ，汉字为"大康三年四月十三日"。其余几行无法释读。"大康"是辽道宗耶律洪基的年号，大康三年为公元1077年，应是题记书写的时间。

还有一处涉及具体地理位置，也为汉文和契丹文字书写，内容为"大今（金）国女（女真族）春州北七十里"，但已不清晰，契丹文题写尤其模糊。两处题记具有极为重要的历史和地理研究考察价值，为后人提供了准确的历史、地理坐标。据考证，辽春州即现今突泉县宝石镇境内双城附近。金灭辽后，曾在兴安地区设置乌古敌烈统军司（旧址在今科尔沁右翼中旗吐列毛都镇），并沿用辽时的春州建制，表明辽金时期对这一地区日益受到重视，并逐渐成为政治、经济及军事要地。

另有一处契丹小字题记比较清晰，字体近似草书，书写流利，但未能解读。摹录为：

1997年，当地政府抢修了多处自然因素破坏的石壁裂缝。2008年，再次抢修多处石壁裂缝，用混凝土支撑加固，并立保护标志牌。2009年划定保护范围和建设控制地带。

50 科尔沁右翼中旗额日吐墨书题记

撰稿：包金泉　王虎
摄影：包金泉　吴峰

位于科尔沁右翼中旗吐列毛杜镇元宝屯嘎查额日吐艾里西1200米西山崖之下。题记东西为山脉崖壁，南为连绵山区，北为农田和霍林河。额日吐墨书题记下方有条田间小路直达额日吐艾里。

额日吐墨书题记山崖为山脉中突显部分，山崖高20米，宽11米，墨书题记在山崖东下角，距地表高1.60米处的较为平整崖壁上，共有六行竖书，因风吹雨淋字迹腐蚀辨认较难，用水沾湿后才能看到字体笔画，看其字体笔画与杜尔基镇衙门毛杜墨书题记相仿、故暂定为金代题记，字数没能辨清。

题记所在山崖远景

额日吐墨书题记所在山崖近景

额日吐墨书题记

‖51‖ 科尔沁右翼前旗乌敦摩崖题记 ———

撰稿：高国庆
摄影：杨大勇

位于科尔沁右翼前旗索伦镇乌敦嘎查南2000米处，也称"毕其格台"。题记处三面环山，南边为开阔地，北靠归流河和S203公路，摩崖西北处有一条泉水沟。

乌敦摩崖题记在高约百米，座东向西、向内凹进的石面上，墨迹，用汉字书写，并画有人物佛像，见水迹出。字面约高0.5~1.2米，共3处，书写分散，面积1.5平方米，字体平均5厘米，自右向左竖行写。

关于墨迹的年代问题，《内蒙科尔沁右翼前旗发现六处古代墨书题记》一文认

题记所在山崖

题记近景

为墨迹中"金山县住人口十万家作义□事平州□□□□□"提到的州县均为辽金时期所设，其中辽代金山县为今乌兰浩特市乌兰哈达前公主陵一号古城，"加之每段题记中都有一幅插图，图中的佛像，双手合于胸前，盘膝端坐在莲花上，头的上部带有光环。佛像头上的帽子都有高出的桃形尖，两边耳部似有3字形的帽耳。"整体形象与黑龙江省石人山南麓崖壁上所刻的驰名中外的金代女真人形象非常相似，推断这块墨迹应是金代的遗存。

墨迹刻有"清闲道，家门，南无太岁二世一世诸佛""□□□知事□□"等字样。《内蒙科尔沁右翼前旗发现六处古代墨书题记》一文认为通过"南无"、"清闲道"、"诸佛"、"诸法"、"诸僧"、"知事"等字样，可推断墨迹内容主要反映金代三教合一，以道教为其本宗的特点，并出自一自称清闲道、闲道人，任僧职知事的佛教道人所题。

目前由于常年雨水冲刷，字体有部分脱落。

撰稿：包金泉　王虎
摄影：包金泉

位于科尔沁右翼中旗杜尔基镇亚门毛杜嘎查亚门毛杜艾里西1500米。

1982年，第二次全国文物普查期间在山头崖壁上发现了亚门毛杜毕其格哈达摩崖题记。

亚门毛杜毕其格哈达摩崖题记在崖壁自然形成的坑凹平面上，分三处用墨书女真文竖行题写，共27行，224个字，可以辨识的字中有"春州"二字。"春州"二字在历史上是有记载的，辽代的"四时捺钵"中，只有"春捺钵"是在女真居地，《辽史·本纪》书中提及的地点，有"长春州"或记"春州"，书中写有"长春州本鸭子河春猎之地"，即可知春捺钵以长春州城为大本营。在金代霍林河为春州和临潢府界河，题记在河东，此处金时应为"春州"界内。

"毕其格图哈达"是蒙语，汉语意为

题记所在山崖远景

题记所在山崖近景

墨书之一

墨书之二

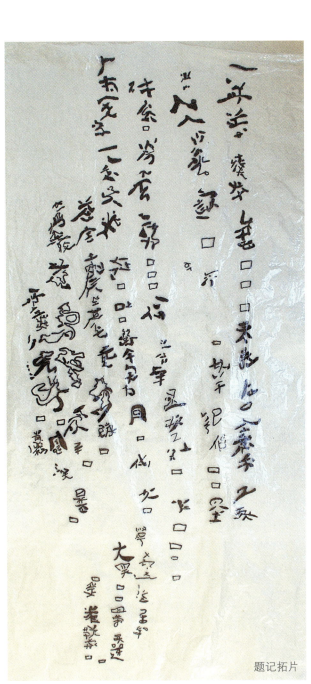

题记拓片

有文字的石崖。《兴安南省地理》一书记载："诸山之中孑然一峰，其势向西南而出，形若三角。惟其峰形峭壁上面渺渺有字迹，若蒙文之形，识字者亦未认明句读……"。此题记为研究金时女真文字提供了宝贵资料。

明清时期

　　明万历年间（1573～1620年），哈布图·哈萨尔第15孙奎蒙克塔斯哈喇的儿子博第达喇一系陆续南迁，绰尔河、归流河、洮儿河流域成为科尔沁部落的发祥地之一。在长达四个多世纪的岁月里，今兴安盟地区始终是科尔沁蒙古族的生活舞台。

　　这一时期，兴安盟地区的遗存主要以古遗址、古建筑、摩崖题记等为主。其中较有代表性的有：哲里木盟十旗会盟地、葛根庙、博克达活佛府邸、图什业图王府遗址等。另外，传世的民俗、民族文物较多。清代瓷器、佛教造像、科尔沁民族服饰等都具有鲜明的时代特征。大致反映了这一时期兴安盟的历史文化发展脉络。

‖53‖ 乌兰浩特市阿古营子遗址

撰稿：乌海峰　高国庆
摄影：李岩　孟托

乌兰浩特市重点文物保护单位。

位于乌兰浩特市葛根庙镇阿古营子村北5～10米处台地上，遗址总面积1979.07平方米，根据遗址地表残留的大量布纹瓦及遗址形制，初步确定该遗址为清代祭祀遗址。

阿古营子遗址为阿古营子嘎查修建村部时平土发现，保存相对较差。遗址东、西、南三侧皆为居民区，北侧是开阔地。表土层残存大量布纹瓦及灰陶片，可见裸露石基136块，纵列8排，横列17排。在东侧石基外30厘米处有青砖墙一组，墙残留青砖三层，长约3米，石基地表裸露正面为正方形，侧面为长方形，石基长70～85厘米，宽60～70厘米不等。石基与石基之间距离在1米～1.2米之间，部分石基上刻有文字。遗址西北角2米处，出土清代铜质贲巴壶一个，残高24厘米，腹周长75厘米。

铜质彩绘莲花纹贲巴壶

遗址地表石基近景

遗址内石基上的刻字

遗址内石基上的刻字

‖54‖ 扎赉特旗巴彦套海城址

撰稿：阿茹娜　冷雪松
摄影：冷雪松

　　位于扎赉特旗巴达尔胡镇巴彦套海嘎查西2公里的开阔地上，南临绰尔河，北为乡间公路。

　　巴彦套海城址平面呈长方形，城墙土筑，基宽8米，残高1米，南北长1000米，东西宽600米，残高0.3米，总面积60万平方米，四角有角楼痕迹。南墙开一门，宽10米。城址内现可见房基80个，面积在30～80平方米之间，房基间隔3米至4米均不等。

　　城址内房基附近堆有大量的青色砖瓦残块，地表采集到青花瓷残片、青釉素面瓷碗底部残片、粗白瓷碗残片、泥质灰陶瓮和陶罐残片及"开元通宝"、"宣和通宝"铜币等。据《扎赉特历史与文化》和《扎赉特文史》第三辑记载，此处为清代末期扎赉特旗王府旧址。1945年，在苏联红军进入东北时被摧毁。

城址内采集的标本

城址远景

科尔沁右翼中旗重点文物保护单位。

位于科尔沁右翼中旗高力板镇呼和道卜嘎查陵根艾里西200米处。此遗址为清代固伦永安长公主陵遗址。

1958年，在陵园遗址上开荒种地时，出土了一尊汉白玉石碑，碑文以满、蒙、汉三种文字书写。当时出土两尊石碑书面相对由铁片捆绑。其中一尊石碑上的碑文内容，大致上主要记载了墓主的身世、下嫁科尔沁的经历、薨卒年间及下葬地、赠碑者的身份等。墓碑写道："太宗之女、世祖之姊、朕之姑也"。对墓主人和赠碑者的身份记载非常明确。

固伦永安长公主陵遗址现地表仅存围墙遗址及房屋基址。遗址呈长方形，长82米，宽70米，分布面积5740平方米。残存东、西、北三面围墙，其中东墙残存长12米、上宽0.5米、下宽2.5米、高0.6米，

遗址全景

遗址北墙散落的青砖和板瓦

西墙残存长10米、上宽0.5米、下宽2米、高0.4米，北墙残存长17米、上宽1.2米、下宽3米、高1米，北墙上散落有青砖及灰色板瓦。南墙被风蚀现已成土丘，未发现有墙址的轮廓。

固伦永安长公主生于1633年，卒于1692年。清太宗皇太极的第八个女儿，母为孝庄皇后，顺治皇帝的姐姐，康熙皇帝之姑。1645年，固伦永安长公主12岁下嫁图什业图和硕亲王巴雅斯呼朗为妻，与他过了47年的婚姻生活，死后葬在科尔沁草原。据史料记载："公主陵由陵园、陵庙两座建筑组成，占地约5公顷。近一公里的院墙全是砖砌琉璃瓦帽。作为正殿的7间陵堂，左右做护卫，祭典喇嘛的住宅、勤杂间的两座各五间厢房，全是飞檐翘脊、前廊后厦的砖瓦结构的拱顶式古建筑。后院为格格陵，是一座普通的砖瓦结构的起脊平房。东侧有一座泰布台小庙，为祭祀场所"。

‖56‖ 科尔沁右翼中旗图什业图王府遗址

撰稿：包金泉　高国庆
摄影：包金泉

科尔沁右翼中旗重点文物保护单位。

坐落在科尔沁草原腹地，科尔沁右翼中旗东部，巴彦呼舒镇东北20公里处的代钦塔拉草原。

王府遗址修建于图什业图札萨克第十三世亲王巴宝多尔济时期，即清同治十年（1871年）至清光绪十六年（1890年），距今已有130余年的历史。总占地面积47091平方米，建筑面积4800平方米。现地表仅可见一座人工堆积的土山，长60米、高20米、最宽处约10米，当地人称为"童子山"，一条人工挖掘的河流，

遗址近景

俗称"血泪河"。

据当地史料记载，图什业图王府是模仿北京紫禁城修建，在选址和设计上颇费心思。地势东高西低，靠山面水，北靠五头山，南视代钦哈嘎湖，左傍额木庭高勒河，右依查干础鲁慢坡。王府坐落于其间，整体由王宫（中院）三个衙门，游乐场所等构成。佛祖经堂设计采取内地汉式风格，有坡顶、斗拱、搁扇间房、彩绘门窗、雕梁画栋，整体设计生动和谐，雄

童子山

遗址内残存青砖墙

伟壮观。中院内有一百余间房屋，设有大殿、议事厅、内外客厅、起居室等。王府之内四根高耸的旗杆，正门前一对巨大的石狮，加之高1丈，宽5尺的围墙，墙置八门容量为12斤火药的大炮，整座王府显得森严壁垒。

伪满洲国时期，这里是西科中旗公署所在地，管辖嫩江以南10个旗县，1947年在此建立代钦塔拉努图克，1958年成立代钦塔拉人民公社，1984年改为代钦塔拉苏木。1962年，有着近百年历史的王府建筑被拆除，但王府遗址犹存。在遗址的周围，长满了黑黄榆树和五角枫树。

‖57‖ 科尔沁右翼中旗哲里木十旗会盟地遗址 —

撰稿：高国庆　包金泉
摄影：包金泉

科尔沁右翼中旗重点文物保护单位。

位于科尔沁右翼中旗吐列毛杜镇吐列毛杜嘎查吐列毛杜艾里东500米，会盟地在霍林河、坤都冷河交汇处，后依哲里木山，前临霍林河，西望奎屯汗山，东视罕查干，南眺吐列毛杜三龙山的四面环山的小平原中央。

哲里木十旗会盟地遗址呈圆形，占地面积5300平方米。并在此处各竖一敖包（即石堆）为象征，一个大敖包立于中央，代表盟，底部直径为5米，高6米。10个小敖包在外围形成一个大圆圈，代表10

个旗，小敖包底部直径近2米，高2米。大敖包与每个小敖包之间距离30米，每个小敖包之间距离30米。

据史料记载，哲里木会盟地在辽、金时期为重要的关隘。金长城、金东北路招讨司驻所，其要塞古迹至今明晰可见。会盟地西为辽临潢府境地，东属金泰州管辖。康熙四十九年（1710年）始设盟建制，将嫩江科尔沁的图什业图、札萨克图、苏鄂公、扎赉特、杜尔伯特、达尔罕、博多勒噶台、宾图、前郭尔罗斯、后郭尔罗斯等四部十旗，总面积近40万平方公里的蒙古领地划分为一个盟，实行行政统治。因首次会盟于图什业图旗（今科尔沁右翼中旗）北部的哲里木山脚下而称为哲里木十旗会盟。其管辖北从宝格达山，南至沈阳北柳条边墙。西由特格汗山，东到哈尔滨、长春等地。

自设盟始至1931年被废止的221年间，历经六十余次的会盟活动。每三年会盟时各旗札萨克（政府）集会召开检阅户骑武装、处理诉讼、议事选举、举办那达慕、物资交流等内容的会盟活动，清廷还派遣官员亲临检阅。在一定程度上促进了地区稳定、民族融洽，推动了当地的经济社会发展。

会盟地遗址全景

图什业图石碑

扎萨克图石碑

扎赉特石碑

苏鄂公石碑

前郭尔罗斯石碑

后郭尔罗斯石碑

博多勒噶台石碑

达尔罕石碑

杜尔伯特石碑

宾图石碑

‖58‖扎赉特旗英格庙 ————————

撰稿：阿如娜

摄影：李岩　孟托

位于扎赉特旗阿尔本格勒镇巴彦扎拉嘎工作部五星村西北2公里处，庙址坐北朝南，三面环山。

英格庙为清代建成，为藏传佛教寺庙，20世纪50年代遭到严重破坏，庙址长150米，宽120米，占地总面积为18000平方米。地表残留五座房身台基，共两排，东西排列，间隔为3米。南北间距为4米。台基呈长方形，长6米，宽4米，高1米。

2008年在原遗址东北处复建英格庙，建成大殿一座，住房四栋。

英格庙远景

山门

大殿

59 科尔沁右翼中旗义和道卜寺庙遗址

撰稿：包金泉　陈秀兰
摄影：吴峰

位于科尔沁右翼中旗高力板镇义和道卜嘎查东北300米处草场中，霍林河位于其北侧。

义和道卜寺庙遗址整体建筑呈长方形，现存遗址长84米，宽48米，占地面积4032平方米。从庙址轮廓看应为坐北朝南的主庙和东侧偏房组成，遗址中房址仅有两处，且没有房基，大小规模难以确定。在房址附近只能见到零星散布的砖瓦。

遗址内采集到的标本有青色布纹瓦残片、棕釉罐残片、绳纹红陶残片、青花碗残片、兽面纹瓦当残片等。根据采集到的标本判断，此处为清代遗址。

遗址全景

遗址内散落的青砖

遗址内采集的标本

‖60‖ 科尔沁右翼中旗乃吉托音祭坛

撰稿：包金泉 高国庆
摄影：吴峰

科尔沁右翼中旗重点文物保护单位。

位于科尔沁右翼中旗吐列毛杜镇罕查干嘎查罕查干艾里北2500米山沟东山顶部。祭坛四面环山，坛地居西部，东部有约5000平方米草地，从山顶居高临下可看到霍林河，西侧为大峡谷，山谷中有十几个泉眼形成的小溪常年流淌。

乃吉托音祭坛为清代所建。是供奉因在东蒙古地区传播佛教而被奉为原哲里木盟十旗"博克达葛根"的乃吉托音及其13名弟子的祭祀地。该处共堆有18座石堆敖包，分别由象征院落外围四角的叫做"达日其嘎"的四座石堆敖包和象征乃吉托音及其随从13名弟子的14座石堆敖包组成。山顶靠西部是象征乃吉托音与其随从十三名弟子的石堆敖包，中间一个大石堆敖包，高1.70米、直径7.20米，四周围环有远近不等的13个小石堆敖包，高1.6

祭坛位于此山

祭坛全景

祭坛小敖包

米、直径2.5米，18座石堆敖包形状整体为圆形，占地面积500平方米，坛地东侧有5000平方米的平坦草地，据当地传说，哲里木十旗会盟结束后，十旗王爷、各旗旗民必到这里祭拜天地，进行隆重的祭祀活动，然后开展小型那达慕会，赛马、摔跤，扔布鲁、射箭等娱乐活动，热闹非凡，祭坛至今香火不断。

乃吉托音，又译作内济托音、内齐托音，乳名阿必达，蒙古族。卫拉特蒙古土尔扈特部著名首领阿玉奇汗叔父墨尔根特博纳之子。1557年（明世宗嘉靖三十六年）。在漠南蒙古地区传教50余年，是一位颇具声望的喇嘛。于1653年（清世祖顺治十年十月十五日）圆寂。

‖61‖ 扎赉特旗乾德牟尼庙遗址

撰稿：阿如娜　高国庆
摄影：李岩　孟托

扎赉特旗重点文物保护单位。

位于扎赉特旗巴达尔胡镇前德门嘎查东北角，庙址建在乾德牟尼山的半山腰上，南邻绰尔河，地势开阔，自然风光秀丽。

乾德牟尼庙始建于清乾隆五十一年（1786年），扎赉特旗扎萨克王爷玛什巴图提倡修建该庙，经台吉玉勒喜等人一年奔波，次年修成。主要由旃尼召、崇福寺、储经殿、凶煞神殿、舍利殿、法轮殿等组成，全庙建筑面积1000多平方米，最兴盛时喇嘛多达400多人，是清代扎赉特旗最大的庙宇。

乾德牟尼庙现旧址占地面积7500平方米，在旧址的西北角可见旧有僧舍台基36处，均为长方形，东西长6米，南北宽4米，自南向北分四排排列，每排九个，

远景

复建山门

复建的经堂

南北间隔8米，东西间隔2米。旧址西南部有一座旧有僧舍，青砖构成，面积8平方米，因年久失修，已破损。在旧址的西南部，有一处旧有经堂台基，略呈正方形，边长12.5米，面积156.25平方米，上面堆满青色布纹瓦、青砖残块。

据《扎赉特旗旗志》记载："乾德牟尼庙当时庙产十分富有，有土地531垧，庙房74间，1.7尺的铜佛125尊，2尺高的铜佛38尊等"。庙刚建立之初，从依克明安旗请来高僧阿旺扎木苏为此庙的葛根（活佛喇嘛），他转世五世。第六世葛根阿旺洛桑·丹贝尼玛（1914年生）在民国时期前往拉萨求学佛经，始终未归。阿旺洛桑·丹贝尼玛去西藏求学后，庙内没有负责喇嘛，在伪满康德五年请来英格庙的绰尔吉喇嘛特格喜巴雅尔为本庙的罕布，一直到1980年他去世为止。

1966年农历九月，乾德牟尼庙在"文革"运动中被毁。1985年，扎赉特旗旗委旗政府在旧址的北部新建了一座砖瓦结构的经堂，建筑面积80平方米。

僧舍旧址

‖62‖ 科尔沁右翼中旗衙门毛杜庙址

撰稿：包金泉　陈秀兰

摄影：包金泉

位于科尔沁右翼中旗杜尔基镇衙门毛杜嘎查衙门毛杜艾里西北2000米。是一处清代的寺庙遗址，相传为清代公主的私庙，具体是哪位公主已无从考证。庙址地处衙门毛杜艾里西北2公里山坡下，北靠流动沙丘，南望霍林河。东西为山脉，此处位于雨季汛期易被冲刷的河沿地带，庙址南50米有一眼四季流淌的泉水流入霍林河。

衙门毛杜庙址呈长方形，长50米、北宽30米、南宽25米，占地面积1274.49平方米，有5座房基，前4对称，后一错位偏东，房屋大小不等。庙址中部有3个盗坑，长0.6~1.2米、深1.80~2.10米，从盗坑看，进深0.40米处发现有碎骨和现代红砖及青砖。采集标本有青砖残片，青瓦残片。地表遗迹只有房基石和青砖瓦块。

庙址周围采集的标本

庙址台基

庙址远景

‖63‖ 乌兰浩特市葛根庙 ————

撰稿：高国庆

摄影：尹建光　孟托

乌兰浩特市重点文物保护单位。

葛根庙是一座藏传佛教格鲁派寺庙。位于白（白城）—阿（阿尔山）铁路沿线，在乌兰浩特市东南30公里，洮儿河东岸，陶赖图山南坡脚下。111国道位于庙东，贯穿南北。

蒙古科尔沁部信奉藏传佛教格鲁派，过去哲里木盟十旗建有180多座藏传佛教寺院，大多兴建于清朝康熙、乾隆、嘉庆年间。其中，札萨克图群王旗（今科尔沁右翼前旗）的陶赖图葛根庙，今科尔沁左翼中旗的双福寺、科尔沁右中旗的白音和硕庙等，均较为著名，而其中的陶赖图葛根庙规模最大、等级最高。

葛根庙的前身是位于今吉林省洮南县东北15公里的莲花图庙，为札萨克图郡王鄂齐尔兴建。清乾隆十三年（1748年），莲花图庙迁至如今的寺址，乾隆帝赐莲花图庙为"梵通寺"。嘉庆元年（1796年），在已故第二世葛根阿旺丹巴亚尔所选地址上，哲里木盟十旗王公筹资，在札萨克图郡王旗中部（今科尔沁右翼前旗南部）的陶赖图山南坡创建了一座大寺。这座新寺庙被命名为"陶赖图葛根庙"。为了修建陶赖图葛根庙，特从北京请来

了图门乌力吉等工匠30多人，仿西藏斯热捷布桑庙的式样修建。第一批工程于嘉庆三年七月十二日（1798年）建成。当时，该庙由梵通寺（朝克沁都根）、广寿寺（拉森都根）、宏济寺（查干都根）、广觉寺（胡硕都根）组成。同治九年（1870年），又增建了慧同寺（居德伯都根）。该庙几经续建，形成大、小殿堂及喇嘛住

宅等建筑，占地面积大约六万余平方米，周围设有石刻佛堂30座。

葛根庙"文革"时期被扒毁，1988年7月由国家和地方财政投资复建。复建后的葛根庙坐北朝南，主要建筑沿南北中轴线排列，从南向北依次为山门、天王殿（三座）、梵通寺、大雄宝殿、千手千眼观音殿、露天释迦牟尼佛像、图来图敖包。总面积155万平方米，共有围墙1组、山门1座、现代佛殿建筑物27间、清代中晚期石雕佛像碑27块。佛像碑高约93～96厘米，宽约60厘米～63.8厘米，厚均为16.5厘米左右，上刻不同佛像。

葛根庙正殿堂，全仿西藏庙宇的造型，气势雄伟壮观。庙外观以石砌成，白壁红边，平顶设有大型开窗，顶部四角置铜制锦金经柱，以示顶天立地。墙壁顶部有铜制锦金法轮和面对而立的神鹿像，以示长寿万年。各殿堂内部全为红漆明柱，天花板绘有古代龙凤图案，金碧辉煌，庄严肃穆。殿堂前部为经堂，两侧陈列着各种经卷、佛像、经具、器皿，中央排列着两行铺有地毯的诵经席，用于集体诵经。殿堂后部为佛堂，中央上面悬挂着缎制绣花的伞盖顶幔，意为佛光普照。下面供有大型铜制鎏金的释迦牟尼佛像，两侧供有宗喀巴、麦得尔佛像，并按佛位顺序依次排列着众多镀金、铜大小佛像及若干供具、器皿，殿堂内终日香烛萦绕，佛灯常明。供桌上，常年摆着银鼎，长短经号及装满乳制品、供果的银制、铜制的各种佛碗。

如今，葛根庙经历数百年的岁月洗礼，依旧香火旺盛，已成为内蒙古自治区东部地区最大的藏传佛教寺院。

近景

主殿近景

石像碑

石像碑

石像碑

石像碑

石像碑

石像碑

石像碑

石像碑

‖64‖ 科尔沁右翼中旗博克达活佛府邸

撰稿：包金泉
摄影：包金泉

内蒙古自治区重点文物保护单位。

位于科尔沁右翼中旗巴彦胡硕镇伊和苏莫社区罕山大街。

博克达活佛府邸的建筑风格是汉藏结合性的飞檐翘脊前廊后夏雕梁画栋的砖木结构拱顶式古式建筑。主要由大经堂、山门、一座21米高的白塔、喇嘛仓等四座建筑物组成。府邸占地面积4018平方米，呈长方形，长98米、宽41米，建筑面积1722.4平方米。共有10座殿堂、28间房屋，其中九座一层硬山砖瓦结构，一座为一层歇山砖瓦结构。依次为山门两侧东西厢房及东西配殿；仪门两侧东西厢房、仪门内东西配殿，东西厢房及大雄宝殿。是蒙古族地区藏传佛教（格鲁派）传教源法地和主要场所。

博克达活佛府邸，原名"遐福寺"，是原图什业图旗（今科尔沁右翼中旗），在清延理藩院注册的13座庙之首。是由西藏四世班禅弟子土尔扈特蒙古族乃吉托音活佛坐床主持的。

乃吉托音，又译作内济托音、内齐托音，乳名阿必达，蒙古族。卫拉特蒙古土尔扈特部著名首领阿玉奇汗叔父墨尔根特博纳之子。1557年（明世宗嘉靖三十六

府邸全景

山门

喇嘛仓

仪门

四大天王像之一

年）。在漠南蒙古地区传教五十余年，是一位颇具声望的喇嘛。于1653年（清世祖顺治十年十月十五日）圆寂。

活佛本身在宗教界里居较高的地位。他不仅是四世班禅的手下弟子，也是获得蒙古地区之受封于达赖喇嘛，并由清延理藩院批准注册的哲布尊丹巴、章杰活佛、查干殿吉、满珠西礼、乃吉托音、义刺昆散等六大活佛之一，并享有十旗宝格达之尊称。嫩江科尔沁十旗王公都接受其灌顶戒教，并志愿共同集资在十旗会盟地所在地图什业图旗的巴彦呼舒兴建了遐福寺（由清延赐匾），共同呼曰十旗之寺。

四大天王像之二

‖65‖ 扎赉特旗青山屯摩崖题记

撰稿：阿如娜
摄影：李岩　孟托

　　位于扎赉特旗胡尔勒镇宝力根花工作部永发嘎查青山屯东20米处山坡上，摩崖题记南100米为由西向东流的自然小溪。

　　青山屯摩崖题记为一个整体，有四座岩石群，保存较好。大体呈东西向排列，形状酷似人工垒筑。每逢下雨或阴天，岩石上显现出文字，墨书有文字的岩石共有四块，均在西南的岩石群中。该岩石群中段，离岩石底1.7米处有朝东南方向、直径1.8米、厚15～20厘米的一块岩石，上面有横排五个像回鹘体蒙古文的文字，字大小有1.5厘米，字与字之间间距1.5厘米左右；在该岩石上端、离岩石群底6米处还有一个有文字的大石块。石块呈三角形，朝南，字集中在中间，字形像汉字；离第一个有文字石块往东2米处有一个朝南方向，宽1.2米，厚0.5米的岩石中心又有汉字形状的文字，文字大小有1.6厘米，呈方形，离地面有1.2米高；距第一个有文字石块再往东7米处，在宽1.2米、

题记远景

厚1.4米，离地面1.4米处的石块上有文字，呈汉字形状。

　　青山屯摩崖题记字迹均已模糊不清，已无法确认其具体内容。但根据其大致情况及对比周边相似的遗址点，判断其年代应属清代。

题记

近现代

近现代，兴安盟地区的历史可谓波澜壮阔。乌兰夫等老一辈无产阶级革命家，在这里团结带领内蒙古各族人民，战胜一切反动势力，结束了东西部蒙古长期分裂的局面，并为推动民族区域自治，实现民族平等，维护民族团结，振兴民族经济，立下了不可磨灭的历史功勋。

兴安盟地区近现代遗存以红色革命建筑遗址居多。尤其在乌兰浩特市、阿尔山市等地分布广泛。如：内蒙古共产党工作委员会办公旧址、内蒙古自治政府成立大会会址（五一会址）、侵华日军阿尔山要塞遗址群、成吉思汗庙等都是这一时期较有代表性的遗迹。

⸾⸾66⸾⸾ 乌兰浩特市中国共产党内蒙古工作委员会办公旧址

撰稿：高国庆
摄影：李岩　孟托

全国重点文物保护单位。

始建于1934年，位于乌兰浩特市兴安北大路，原为伪满洲国兴安南省、兴安总省办公楼。淡灰色砖瓦结构二层起脊"兴亚式"楼房，坐北朝南。一楼中部开一南门，有门斗，一楼东、中、西三面有楼梯。正门厅用天然大理石装修，楼顶为访古琉璃瓦。内部地面铺有木质地板，麻刀灰棚顶，木质蓝色门窗。一层面积为965.39平方米，二层楼面积915.69平方米，总建筑面积共计1881.08平方米，占地面积2356平方米，通高11.7米。

刘春办公室

旧址全景

在内蒙古自治政府成立前，内蒙古中、东部地区都先后组建了中国共产党的工作委员会，党的队伍得到迅速扩大。1946年初，中国共产党派张策、胡昭衡、方知达等同志到王爷庙（现乌兰浩特市）工作，组织中共东蒙工作委员会，曾在此楼办公。1947年5月1日，中国共产党领导下的全国第一个少数民族自治政权——内蒙古自治政府在王爷庙成立，同年6月14日，党中央批准成立内蒙古共产党工作委员会，乌兰夫同志为书记。自此内蒙古党工委在此办公，直到1949年11月西迁张家口。

这座办公楼是中国共产党在内蒙古发

展壮大、领导内蒙古革命和建设事业的重要见证。在中国共产党的正确领导下，内蒙古工委带领各族人民建立了内蒙古自治政府，内蒙古的历史翻开了崭新的一页。当时，百废待兴，工作千头万绪，内蒙古党委办公楼成了制定重大方针政策的中心。自治政府的主要领导人乌兰夫、奎璧、刘春、克力更、王逸伦、王再天、哈丰阿、特木尔巴根等在这里呕心沥血、夜以继日地工作。乌兰夫同志在这里提出了"三不两利"政策，即不分、不斗、不划阶级，牧工、牧主两利。这一政策非常切合内蒙古的实际，成为牧区工作的指导方针，使畜牧业生产迅速发展，广大牧民生

刘春办公室

活得到极大改善。与此同时，自治区党委机关政府组织各族人民积极参加全国解放战争，领导各族群众深入开展剿匪反霸、扫除敌特残余势力的斗争。内蒙古政治、经济、社会事业发展的大政方针，在这里决策并组织实施，办公楼成为当时内蒙古民族解放和经济建设的神经中枢。

今天，内蒙古共产党工作委员会办公旧址已成为人们重温革命历史，接受爱国主义教育的光荣阵地。

乌兰夫办公室

旧址正门近景

乌兰夫办公室

║67║ 乌兰浩特市内蒙古日报社旧址

撰稿：高国庆
摄影：李岩　孟托

内蒙古自治区重点文物保护单位。

位于乌兰浩特市兴安北路西侧科尔沁右翼前旗人民医院院内。旧址坐北朝南，呈"山"字形，二层红砖砌筑，条石基础，两坡瓦顶，中间起脊，白灰罩面。正面一层外观为22扇窗、二层为23扇窗，总面积2520平方米。

内蒙古日报社旧址始建于1935年，在日伪统治时期为王爷庙伪兴安医学院。1946年7月1日，内蒙古自治运动联合会东蒙总分会机关报《内蒙古自治报》在王爷庙创刊。革命形势的发展，使内蒙古党政领导和人民感到迫切需要有一张自己的报纸。于是内蒙古工委于1947年1月1日决定将《内蒙古自治报》直接由内蒙古工委领导，正式明确了《内蒙古自治报》为党委的机关报。为了加强《内蒙古自治报》的领导力量，报社的领导班子也作了调整。"五一"大会前后，原内蒙古周报社的同志陆续抵达王爷庙。工委决定自1947年7月1日起将《内蒙古周报》与《内蒙古自治报》合并，报名用《内蒙古自治报》，并任命勇夫为社长，从晋察冀日报社调来的秋浦任总编辑，从东北日报社调来的程海洲任副总编辑，蒙文编辑部由洛布桑负

兴安盟红色文化旧址保护单位

名　　称：《内蒙古日报》社旧址
建筑时间：1935年
建筑面积：2520平方米
管理单位：科右前旗人民医院
　　1948年1月《内蒙古日报》社创建于此，出版发行蒙、汉文版《内蒙古日报》。1949年11月迁至呼和浩特市。

兴安盟行政公署
二〇〇六年七月

简介牌

旧址全景

责。报社领导班子调整后，内蒙古工委又从东北军政大学、内蒙古军政学院和其他部门给报社调进一批年轻人，从事编辑、后勤、工厂的工作。这时，报社人员增加到60多人，同时增设了电台和添置了一些印刷设备。报社接着迁入现今的内蒙古日报社旧址。

1948年1月1日，《内蒙古自治报》更名为《内蒙古日报》，成为中共内蒙古自治区工委机关报，出版发行蒙、汉两种文字。《内蒙古日报》是中国共产党在全国少数民族地区创办最早的省一级党报，也是蒙古族历史上用本民族文字出版的第一张日报。当时，《内蒙古日报》的创办为宣传内蒙古民族解放和民族自治运动、宣传内蒙古土地改革和牧区改革、宣传剿匪反霸斗争、宣传支援东北解放战争起到了正确的舆论引导作用。

1949年11月，内蒙古日报社随内蒙古自治政府从王爷庙迁至呼和浩特。

‖68‖ 阿尔山市南兴安隧道碉堡 ————

撰稿：高国庆　王文
摄影：智长林

全国重点文物保护单位。

位于白阿铁路线兴温段（南兴安—阿尔山）岭南与岭北分界线处，修建于1935～1937年，全长3218.5米，是内蒙古乃至东北最长的铁路隧道。为钢筋混凝土结构，至今保存完好。避车洞、防寒门、排水沟、渗水井、遮断信号设施设备齐全。整个隧道东南西北走向，呈S型，占地面积288000平方米，为人字坡型顶，高大宽敞，护坡平整，规模巨大。位于隧道东西入口出口处，各修建了建筑面积600平方米，用于守护隧道的堡垒一座。碉堡

隧道碉堡全景

共有六层，其中地下两层，地上四层，最顶层是瞭望楼，集守护、屯兵于一体，军事设施和生活设施齐全，从军事建筑学上看，设计合理，施工严密，质量上乘，至今六十余年经过数次维修，现仍在使用中。

南兴安隧道碉堡是南满洲铁道株式会社根据日本关东军的要求，把白阿铁路延伸到中蒙边境地带，巩固边境地带防守，完成军事占领，大肆掠夺大兴安岭森林资

隧道碉堡近景

碉堡内通道

源而修筑的军事设施。东北沦陷后，日本侵略者为掠夺阿尔山林区木材及满足扩张势力需要，1934年3月开始修建南兴安隧道，1935年6月，隧道从东西两侧用手工挖掘，隧道中的岩石多为花岗石，非常坚硬，施工难度大，东口掘进315米，西口掘进1471米后，开始改用机械挖掘，1936年12月26日贯通。同年，进行衬砌作业和灌注混凝土加固，1937年6月隧道完工，历时两年，同时修建了用于守护隧道的碉堡。

‖69‖ 乌兰浩特市乌兰夫同志办公旧址

撰稿：孟托　高国庆
摄影：李岩　孟托　高国庆

内蒙古自治区重点文物保护单位。

位于乌兰浩特市兴安北路北侧，占地面积1317平方米，建筑面积402.91平方米，建筑平面呈正方形，是一座具有独特风格的歇山式一层建筑。始建于1936年，日伪统治时期曾是日本高级军官的办公场所。屋后绿树婆娑，门前花团锦簇，使其更显得庄严肃穆。乌兰夫办公旧址坐东朝西，青砖琉璃瓦结构，屋顶为起脊飞檐，古色古香。门楣上方挂着一块横匾，上面用蒙汉两种文字镌刻着七个金色的大字："乌兰夫办公旧址"。

旧址正面近景

旧址远景

旧址近景

室外门牌

房屋中轴线上依次为踏步台阶，门厅。拾级而上，步入正厅，一眼便可看见乌兰夫同志的铜像。铜像两侧挂着1997年布赫同志题写的"光辉的历程，闪光的足迹"题词。正厅北侧有两个大房间，分别是当年的会议室和警卫战士的住处。南侧有一狭小走廊，走廊西侧的三个小间是当年的警卫室、秘书室、办公室，东侧一大一小两个房间是乌兰夫当年的办公室和卧室。办公室约有30平方米，粗糙的地板上，靠西墙摆放着一张三人椅、两张单人木椅；南墙下一张小小的写字台上摆放着一架手摇电话机、一只笔筒、一方砚台和一叠文件；办公桌后是一把木制转椅，墙角处有一木制衣架。最惹人注目的是南墙上那面内蒙古自治政府旗，长约1.5米，宽约1米，上下为红色，中间蓝地上缀有交叉着的锄头、套马杆，中间有一颗红五星，象征着农牧民联合奋斗，打出一片新天地。仅有十余平方米的卧室更显简陋。一张木板床上铺着一条极薄的褥子，上边叠放着一条军用棉被；窗下摆着一对简易木质沙发，门后放着一个衣架、一个洗脸盆架，此外别无他物。走进办公室和卧室，让人深切地感受到当年环境的艰苦和乌兰夫生活的简朴。

旧址室内乌兰夫铜像

室内门牌

1947年2月，乌兰夫同志奉中共中央东北局之命抵达王爷庙后在此办公。并开始组织筹建内蒙古自治政府。1947年5月1日，内蒙古自治政府在王爷庙宣告成立，乌兰夫当选为内蒙古自治政府主席。5月2日，乌兰夫在这里主持了内蒙古自治政府委员会第一次会议。30日，又在这里签发了内蒙古自治政府第一号布告。乌兰夫同志在此办公三年，他为内蒙古的民族解放和建设做出了重要的贡献，他的革命功绩永远铭刻在我们心中。

1974年11月7日，这座革命遗址在一场意外火灾中焚毁。1987年4月，自治区人民政府批准重建。同年5月，在原址南30米处开始动工兴建，8月竣工，房舍外观与原建筑相仿。

1996年5月28日，乌兰夫办公旧址被内蒙古自治区人民政府公布为第三批自治区级文物保护单位。现为兴安盟盟级爱国主义教育基地。

会议室

乌兰夫卧室

‖70‖ 扎赉特旗伪满公署旧址

撰稿：阿茹娜　高国庆
摄影：李岩　孟托

　　扎赉特旗伪满公署旧址位于扎赉特旗音德尔镇音德尔北路街道办事处15居委会第六中学院内。此办公楼为1937年日本人设计兴建。

　　旧址坐北朝南，砖木结构，大体呈十字形，建筑面积为760平方米。1楼高4米，中间起1层2楼，2楼高3.5米。共有11间，其中1层10间，2层1间。墙厚为0.37米，每间宽3.5米。楼东西长36.5米，南北宽10.3米，窗户长2米，高2米。平面布局由南向北依次为：正门、门厅、走廊、楼梯。

　　伪满公署当时由日本人土屋定国任参事官，掌握实权，由图门满都胡任傀儡旗长，改扎萨克为旗公署。直至1945年8月15日日本投降。9月7日伪旗公署人员掠走旗内保存的现金物资和文书档案潜逃。

旧址远景

旧址全景

旧址内部展览

旧址内部展品

‖71‖ 阿尔山市阿尔山火车站

撰稿：高国庆
摄影：劳婷

全国重点文物保护单位。

位于阿尔山市温泉街道神泉社区居委会，车站原名为温泉站，通车后改叫阿尔山火车站，现为沈阳铁路局白阿线上的四等站。距离白城站355公里，是白阿铁路终点站。

20世纪上半叶，日本侵略者为了掠夺南兴安地区的资源，加强对这一地区的控制，于1929年8月开始动工修筑白（白城）阿（阿尔山）铁路，至1939年11月完成，1941年11月正式全线运营。阿尔山火车站修建于日本关东军驻扎时期的1937年。

该车站小巧玲珑，风格别致，占地面积925平方米，面西背东，呈南北向排列，由南部的主体建筑和北部的一排平房

车站主体建筑右侧近景

车站木构长廊和炮楼连接处一层主体建筑

组成。二者以木构长廊联系，是一座东洋风格的低檐尖顶三层日式建筑。为日本宗教建筑与民居建筑结合的产物，集交通、军事两大用途的综合体。

阿尔山火车站三层六顶，主楼构造是用砖、木材、花岗岩、钢筋、水泥混合建造的建筑物。主体总面积为671.49平方米，一层面积414.11平方米，二层面积240.32平方米，三层面积17.06平方米，有效面积499.71平方米，主体高度13.70米。一层外壁是用花岗岩砌成的乱插石墙，楼顶用赭色水泥涂盖。二三层则全是木结构，低檐尖顶，三层中央伸出单间为望楼。共有六顶，四顶为悬山式，两顶为圆攒尖式。北部平房由两组组成，南北总长43米，进深7米。长廊由9根柱子组成，

车站瞭望楼

人们展示了上中下"三部曲"，稳重而平滑的下部（石材）；质朴亲切的中部（砖墙）；精细而耐看的上部（板材）。上部的彩绘是装饰趣味中心，也是观赏者的视觉重点。下部质材（石材）的粗糙反衬出了上部材质的细腻，中下部处理手法上的简洁烘托出上部处理手法的繁复，从而在整体上显出细巧中见粗犷、华丽中透质朴的艺术效果。

阿尔山车站的装饰除了显示出材质固有色彩的不同外，还注重了人为表面色彩

柱子外露部分以水泥抹成六角形。

阿尔山车站的建筑用材用的是石材、木材和砖三大类，由于对其进行了与众不同的工艺处理和艺术创造，从而产生了丰富的质感对比。一层墙体由花岗岩砌就，水泥勾缝，中间墙体用砖，上部窗檐、窗框等承重部位以木材为主，并结合运用了彩绘等工艺。由此，阿尔山车站的建筑为

的处理。这主要体现在彩画上。彩画一般在中部墙体和上部木质上。中部墙体为暖色调的黄色，上部木材质及木柱架明露部分则采用冷色调的绿色。这样使上部的冷色调在中部墙体、大面积的暖色调的映衬下显得清雅秀丽。红色的候车室大门和"人"字形灰瓦房顶，也是考虑到协调木材质彩绘的艳气所为。总之，从墙基到房顶，多种色彩的交相辉映，从整体上形成了一个更大的视觉整体，使人们获得一个既朴实又高贵，既对比又协调的效果。

由于是战争年代的建筑，所以，虽然是火车站，却有着军事设施的特点。车站的一侧配有四层楼高的瞭望哨。另一侧还保留着半圆形尖顶的碉堡。碉堡四周留有很多射击孔，现已用水泥封堵。

车站二层主体建筑东侧面

车站炮楼

　　在火车站北1000米处，有一座日伪时期修建的火车机车转盘遗址，至今保存完好。这个转盘的性能是给火车机车调头，将火车机车停在转盘上，用人工推动手柄来转动盘上火车机车的方向。转盘底下安有轴承，只需要两个人就可以短时间内掉转车头。火车机车转向一般是通过大三角形路线来实现，而阿尔山火车站却修建了这么个圆形的转盘，可能是由于受地域面积和地形的限制。这个转盘的技术含量在当时还是很高的，至今仍运转灵活顺畅。1997年，这处火车机车转盘遗址被列为阿尔山市市级文物保护单位。

‖72‖ 乌兰浩特市内蒙古自治政府办公楼旧址

撰稿：高国庆
摄影：李岩　孟托

内蒙古自治区重点文物保护单位。

位于乌兰浩特市兴安北路西侧，现址位于兴安北路东侧，该旧址1947~1949年为内蒙古自治政府办公楼。政府主席乌兰夫、副主席哈丰阿在这里主持和领导了内蒙古自治政府的工作，颁布了自治政府《组织大纲》和施政纲领，号召全区各族人民团结起来，为建设新内蒙古迎接新中国而努力奋斗。

内蒙古自治政府办公旧址始建于1939

旧址正面远景

旧址正面近景

年，当时是一家私人开办的专为日伪军政要员服务的旅馆。1987年，中共兴安盟盟委决定对内蒙古自治政府办公楼易地原貌重建，新址选在乌兰浩特市兴安北路东侧，坐东朝西，南邻乌兰浩特市第四中学。主体为四层砖混结构楼房，外观呈"凸"字形，主楼四层，两侧三层，楼体通身为灰色，正门厅用天然大理石装修，楼顶为仿古琉璃瓦，总面积1800平方米。

1947年5月1日，内蒙古自治政府在王爷庙宣告成立。中国共产党领导下的我国第一个少数民族自治政府诞生，乌兰夫当选为自治政府主席，哈丰阿当选为副主席，特木尔巴根、奎璧、阿思根、朋斯克、乌力吉敖其尔、乌兰等21人为政府委员；博彦满都为内蒙古临时参议会议长，吉雅泰为副议长。乌兰夫、哈丰阿、特木尔巴根、奎璧、刘春、王铎、克力更、朋斯克、王再天、胡秉权等都曾在这里办公。内蒙古自治政府的成立，结束了东西蒙长期分裂的局面。1949年11月，内蒙古自治政府迁往张家口，这座楼先后成为科尔沁右翼前旗人民政府、科尔沁右翼前旗革委会、中共乌兰浩特市委员会办公楼。现为乌兰浩特市教育局办公场所。

⫼73⫼ 乌兰浩特市成吉思汗庙

撰稿：高国庆

摄影：李岩　孟托　高国庆

全国重点文物保护单位。

坐落于乌兰浩特市罕山之巅。它三面环山，一边傍水，四周布满了苍松翠柏，洮儿河像一条玉带缠绕在脚下。该庙是世界上唯一一座纪念成吉思汗的祠庙。始建于1940年，竣工于1944年。

据《内蒙古文史资料第三十四辑——伪满兴安史料》记载，1940年春，一些蒙古族知识青年提出在王爷庙兴建成吉思汗庙的提议，并组建了"成吉思汗庙筹建委员会"。推举伪满洲国兴安局总裁巴特玛拉布坦为会长，兴安陆军军官学校校长甘珠尔扎布、蒙民厚生会理事玛尼巴达喇为副会长。兴安东省、兴安西省行署主任、兴安北省省长以及各旗旗长为会员。凡居住在伪满洲国境内的蒙古人，每人捐献满洲币5角。兴安总省和兴安北省约有70万蒙古人，共捐款35万元。锦州、热河以及省外四旗共30万蒙古人，捐款15万元。王公贵族以及高层活佛、喇嘛等共捐款15万元。东蒙古地区官员、职工、学生捐款15万元。蒙疆联合自治政府德穆楚克栋鲁普王爷派松津旺楚克前来祝贺，并捐款15万元。蒙民厚生会捐款15万元。捐款累计总额达到了100万元满洲币。其间，成吉思

汗庙筹建委员会的玛尼巴达喇还率总设计师蒙古族画家耐日勒图等人，专程赴甘肃省兴隆山成吉思汗"八宝室"访问，并依其建筑风格设计了蓝图。

"文化大革命"期间，成吉思汗庙受到严重破坏。1983年6月内蒙古自治区人民政府拨款修复，1987年7月完工。融蒙、汉、藏三个民族的建筑风格于一体，采取古代汉族建筑中惯用的中轴对称布局手法，建筑主体圆顶方身，绿帽白墙，具有典型的蒙、藏建筑特色。

修建后的成吉思汗庙，坐北朝南，下方上圆，庙殿呈"山"字形，中间是高28米的正殿，东西两侧是高16.62米的偏殿。主体底部为方形，顶部为三大、六小圆状"穹窿"型庙顶，为绿色琉璃瓦镶嵌。正殿圆顶中央悬挂蓝色长方形匾额，上书"成吉思汗庙"（蒙、汉两种文字）。

全景

庙殿建筑面积822平方米，四面设门。正殿有16根直径0.68米的大红漆明柱，大殿正中的大理石台基上坐落着高2.8米、重2.6吨的成吉思汗全身铸铜座像，两旁陈列元代兵器。东西偏殿陈列元代服饰、书简、器皿。三座大殿天花板绘有蒙古古代图案，大殿和走廊墙壁有成吉思汗箴言字画与当代画家思沁绘制的大型壁画。其中《铁木真少年时期》、《成吉思汗庙统一蒙古各部》、《蒙古国的建立》、《蒙古铁骑兵》、《畅通东西方》等壁画，于1989年载入民族出版社出版的《蒙古秘史人物画册》。

成吉思汗庙四周有高2.8米、周长1500余米的灰顶白色围墙，整个院落占地56288平方米。南墙正中建有10.8米高的蓝色琉璃瓦顶山门。山门至庙宇间逐渐上坡地势，修有宽10米、长180米的花岗岩石阶，阶分9组，每组9级，共81级。台阶两侧皆青松、翠榆、山杏相衬。庙殿东南侧建有"成吉思汗箴言长廊"，竖立着数十块刻有成吉思汗箴言的黑面石碑，碑体两面内容为蒙汉文对照，书法种类各异，风格多样。漫游碑廊，既能体会箴言内涵哲理，又会得到优美的艺术享受。长廊南侧，有"神马厩"遗迹。庙殿西南侧，建

全景

主殿正面近景

主殿正面远景

主殿后侧近景

有白色蒙古包式的圆形建筑，原是收藏经书之地，现为展览厅，展有成吉思汗生平伟业的资料，部分文物及成庙近70年的历程资料，还展有党和国家领导人及各界知名人士到成庙视察、参观后的留影、题词。

　　成吉思汗庙建成后，受到了当地蒙汉各族人民的珍重。新中国成立后，国家、自治区人民政府和乌兰浩特市人民政府都把成吉思汗庙当做重点文物加以保护。

主殿内部

苏勒德、山门远景

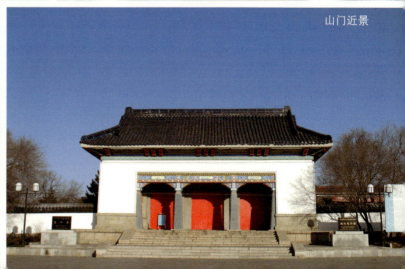

山门近景

║74║ 阿尔山市五岔沟日伪飞机场遗址

撰稿：高国庆　王文
摄影：劳婷

全国重点文物保护单位。

位于洮儿河河谷地势平坦的开阔地上，是阿尔山要塞的重要组成部分，为日伪时期的军用机场，该机场修建于1940～1944年间。整个机场占地46万平方米，有飞机库、弹药库各9个，东西向跑道一条，地面掩体一个，另建有用于连接飞机库、弹药库和跑道的通道。

五岔沟机场飞机库、弹药库、地面掩体为钢筋混凝土构制，跑道、通道为混凝土结构。飞机库、弹药库与跑道分处地面掩体两翼，位于最南侧，共有九组，一对一相配套，方向也一对一相向，大体呈S型排列，目的是防止空中扫射与轰炸。飞机库外形为半椭球状，入口的最高点距地面6.10米，横径20米，纵径22米，入口呈半圆形，可容纳零式战斗机3架，九六式E3M型轰炸机2架。每座机库的对面都有一个弹药库，前后两面都可以通行，是为运送弹药方便而设置的。修建飞机库时，先按设计把土堆成拱形的包，在上面铺设钢筋，用混凝土浇灌，凝固后将土取出，将对面的弹药库掩埋起来。

机场跑道分布在最北侧，长1500米，宽100米，主要供各种日式战斗机、轰炸

机、运输机起降停放。地面掩体位于机场中央，外有馒头状封土，从掩体位置及结构看，它是用来指挥飞机起降和看护机场的。 另外当时在五岔沟驻有九个步兵大队，四个炮兵大队，在周边各山岭上都建有大量碉堡、仓库、指挥所、野战工事、交通壕、兵营等军事设施。

1933年春天，日本参谋本部为实施"北进"战略，决定在中国东北国境线上修筑防御工事，建设"北进"基地。1935年，侵华日军奴役大量中国劳工，在五岔沟地区兴建简易野战机场，用于巩固军事力量，配合关东军对阿尔山方向的军事行动。1939年诺门罕战争期间，机场多架飞机起飞参战。诺门罕战争结束后，日本关东军被迫将主要力量转向东南亚和太平

机场全景

飞机库正面

机场飞机库、弹药库远景

机场跑道

地面掩体正面

洋地区。为了防御苏军进攻，侵华日军在1940年至1944年间动工修筑了阿尔山要塞，改造五岔沟飞机场，修建了混凝土结构的飞机库、跑道，并在周围修建了大量防守阵地，在中蒙边界线形成一道防线，从西面保障伪满洲国首都安全。

2013年3月，五岔沟日伪飞机场被国务院公布为第七批全国重点文物保护单位（侵华日军阿尔山要塞遗址群之一）。

弹药库正面

‖75‖ 科尔沁右翼前旗好仁日伪飞机堡群

撰稿：尹建光　杨大勇
摄影：李岩　海泉

科尔沁右翼前旗重点文物保护单位。

位于科尔沁右翼前旗德伯斯镇好仁办事处岱合嘎查西北1500米处的山脚下，随山体由南向北依次排开。其西侧20米处为S203省道，省道西侧为归流河。

此处是1941年日本侵略军修建的野战机场，现存飞机堡九座，总建筑面积5796平方米。原有的混凝土跑道已经被破坏。飞机堡为钢筋混凝土结构，十分坚固。平面呈半圆形，宽28米，长23米，高6.2米，建筑面积644平方米，穹庐顶；堡门处即为最高点，原修有混凝土防护墙和铁门。九个机堡的开门方向不同，其余三面均匀建有三个人员通道，高1.5米，宽1米。每个飞机库均可停放一架日本零式战斗机。

1931年9月18日，日本军国主义发动战争入侵中国东北后，苏联方面意识到日军的下一个扩张目标将是远东地区。苏方为了防范日军的扩张行为，在加强远东地区军事防范力量的同时，也修建了大量的军事堡垒。而日军在东北积极扶植伪满政权的同时，也在不断的加强对苏方向的军事防御施设建设。尤其是1939年的诺门罕

战役惨败后，关东军更是认识到了空中防御和进攻力量的重要性。现兴安盟境内的五岔沟、哈拉黑和好仁等面向蒙古方向抵御苏联的飞机堡群陆续建成。

1958的在大炼钢铁活动中，飞机堡遭到了严重的破坏，铁门和能够取得钢筋均被运走。

好仁飞机堡群是日本军国主义入侵中

飞机堡侧面的人员通道

飞机堡后侧面

‖76‖ 乌兰浩特市呼格吉勒嘎查铁路桥

撰稿：陈乐乐　高国庆
摄影：潘学

铁路桥北侧全景

乌兰浩特市重点文物保护单位。

位于乌兰浩特市葛根庙镇英格屯胡格吉勒嘎查村北，是一座铁路单侧扶手桥，为水泥钢筋、钢板构建。修建于日伪时期，主要用于当时日本侵略者运输人员、军需物品及原材料等。此桥是乌兰浩特市通往白城的第三座铁路桥梁，是葛根庙通往太本站的人行必经道。

胡格吉勒嘎查铁路桥距北侧山丘（该山为碎石质山丘）约300米，归流河与洮儿河在山脚下合并，从西向东至桥下流淌通过。铁路桥四周土质肥沃，西侧有大面积人工玉米地及野生榆树、杨树林。

铁路桥保存相对完好，全桥长195米，宽5.3米，桥基8个。现桥南有二层道班房一座。该桥附属桥头碉堡一座，碉堡

铁路桥碉堡全景

铁路桥南侧全景

人为破坏程度严重，射击孔、挡板、门板均已不见。碉堡位于桥西15米人工土堆上，为二层水泥砖混建筑体，高6米，宽5.2米，碉堡南侧有台阶20级，西有地下通道一条（已堵）二层为露天式掩体，有射击口18个，一层可见火炕，烟道等建筑物附属物，有射击孔7个。

║77║ 乌兰浩特市永联村日伪飞机堡群

撰稿：高国庆
摄影：潘学

乌兰浩特市重点文物保护单位。

位于乌兰浩特市城郊镇永联村东南山坡上，始建于1944年，为日伪时期军事建筑设施。

永联村飞机堡群位于两座土质低山之间的山坡上，山高约100～120米，土质为黄土，有人工植被杨树、杏树林。西北约100米为取土区，东北向50米为采石区，东南方向为罕山公园。

永联村飞机堡群总面积215778平方米，共有18座飞机堡组成，分布于两个山坡之间，飞机堡为馒头状水泥混凝土建筑体，有可见地基为混凝土0.5～1米不等，飞机堡平均东西长13米，南北长11.5米，高2.1米，门成倒"凸"状，门宽1.7米，门高1.6米，外测面积平均149.5平方米。飞机堡内部南北长8.3米，东西长7.3米。飞机堡之间距离相差不多，门的方向有所不同。

飞机堡群单堡侧面全景

飞机堡群单堡正面全景

飞机堡群单堡附属物侧景

‖78‖ 科尔沁右翼前旗索伦苏联红军纪念塔及烈士墓园

撰稿：尹建光　海泉
摄影：李岩　孟托

科尔沁右翼前旗重点文物保护单位。

位于科尔沁右翼前旗索伦镇境内，始建于1945年8月，分为两部分，即：纪念塔及苏联红军烈士墓园。纪念塔建筑面积160平方米，由底座、塔体、塔顶三部分组成，形状为方形四面体尖状建筑。塔高（通高）18.5米，底边边长9.1米，表面为水磨石面。塔顶是黄色铜铸九角星，塔体东、西侧面在第二层基座的中部各镶有一块用俄文刻写的碑文，译为："在这里安葬着为了苏联荣誉和胜利而战斗英勇牺牲的烈士们；为了苏联荣誉和胜利在战斗中牺牲的英雄们永垂不朽；后贝加尔方面军，1945年8月于索伦"。塔体东侧面中部镶有黄色铜质苏联国徽。苏联红军烈士墓园面积1635平方米，墓园内有小型纪念碑一座和大小不等的苏联红军烈士墓18座，墓室均低于地表，四周圈有低矮的梯形白墙，幕后立有白色墓碑，素面无文字。2008年俄罗斯投资32万元人民币，科尔沁右翼前

纪念塔近景

纪念塔上的前苏联国徽

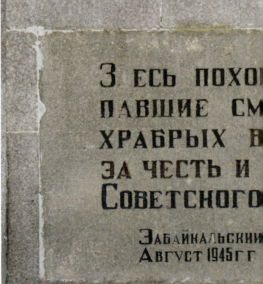

ЗЕСЬ ПОХО...
ПАВШИЕ СМ...
ХРАБРЫХ В...
ЗА ЧЕСТЬ И...
СОВЕТСКОГО...

ЗАБАЙКАЛЬСКИЙ
АВГУСТ 1945 гг

纪念塔东侧碑文

　　旗人民政府投资19万元人民币对纪念塔和墓园进行了维修。

　　1945年2月4～11日，苏、美、英三国首脑在前苏联雅尔塔召开同盟国最高军事会议，4月5日，苏联政府宣布废除了与日本的中立条约。8月9日，苏联红军进入中国东北对日作战。在今兴安盟境内的明水、丰林至索伦一带歼灭了大量的日本关东军，对解放东北起到了重要作用。在这次战役中，苏联红军也牺牲了400多人。"后贝加尔方面军"在索伦镇中心修建了此纪念碑和烈士墓园，安葬450名烈士。

　　索伦苏联红军纪念塔及烈士墓园是我国抗日战争和世界反法西斯战争取得胜利以及中苏（俄）两国友谊的历史见证。

墓园内纪念塔及烈士墓

ЕНЫ
ТЬЮ
ОЯХ
ЕДУ
ЮЗА

НТ
НЬ

ВЕЧНАЯ СЛАВА
ГЕРОЯМ
ПАВШИМ В БОЯХ
ЗА ЧЕСТЬ И ПОБЕДУ
СОВЕТСКОГО
СОЮЗА

纪念塔西侧碑文

墓园内的烈士墓

⫴79⫴ 乌兰浩特市内蒙古自治政府成立大会会址

撰稿：高国庆
摄影：高国庆

全国重点文物保护单位。

位于乌兰浩特市五一北路，因1947年4月23日至5月1日，内蒙古人民代表会议在这里召开并宣告全国第一个少数民族自治政权——内蒙古自治政府成立而得名。

内蒙古自治政府成立大会会址（五一会址）建筑始建于伪满洲国时期（1935年），曾是伪兴安陆军军官学院礼堂；1946年至1948年9月，为东蒙军政干部学校礼堂；1948年9月至1952年为内蒙古党校礼堂。1986年5月10日，被内蒙古自治区人民政府公布为内蒙古自治区重点文物保护单位。1995年，被列为内蒙古自治区爱国主义教育基地。2007年重新维修并布展后对外开放。

内蒙古自治政府成立大会会址坐东朝西，东西长94.5米，南北宽24.7米，建筑面积679.78平方米，占地面积2334.15平方米。主体为青砖灰瓦人字架结构二层建筑，中轴线上依次为围栏、门厅、展览大厅、壁炉、主席台、化妆室、库房。会址门前绿草如茵，花团锦簇。会址内陈列的

会址正面近景

会址正面远景

"兴安地区革命斗争史实"展，共展出图片、实物300余件，真实地记录了草原人民在中国共产党领导下英勇奋斗、争取解放的历史。

内蒙古自治政府成立大会会址是中国共产党实行民族区域自治，成功解决国内民族问题的历史见证。1947年4月23日，内蒙古人民代表会议在这里召开，来自内蒙古大部分盟旗的393名各民族代表出席了会议，4月30日，会议选举产生了由121人组成的内蒙古第一届临时参议会。5月1日，内蒙古第一届临时参议会在民主和谐的气氛中选举产生了内蒙古自治政府主席、政府委员、参议会会长及驻会参议员，内蒙古自治政府宣告正式成立。乌兰夫当选为内蒙古自治政府主席，哈丰阿当选为副主席，特木尔巴根、奎壁、阿思根等19人当选为政府委员。博彦满都当选为内蒙古自治政府参议会会长，吉雅泰当选为副议长。特古斯、朝克图、克力更等九人当选为驻会参议员，并通过了《内蒙古自治政府施政纲领》。会议代表向毛主席、朱德总司令发去致敬电，决心领导内蒙古各族人民走向彻底解放。1947年5

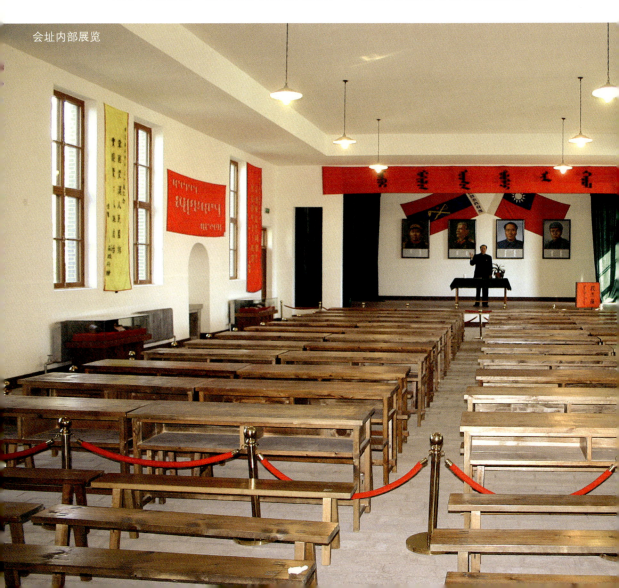

会址内部展览

会址内部展览

月19日，毛泽东、朱德向大会发来贺电："亲爱的内蒙古人民代表大会全体代表们：你们五月十七日来电收到了，曾经饱受苦难的内蒙古同胞在你们的领导之下，正在开始创造自由光明的新历史。我们相信，蒙古民族将与汉族和国内其他民族亲密团结，为着扫除民族压迫与封建压迫，建设新蒙古与新中国而奋斗！庆祝你们的胜利！"。

内蒙古自治政府的成立，实现了内蒙古地区蒙古族各阶层人民多年来渴求统一与自治的愿望，标志着蒙古民族在政治上的彻底解放，对于推动内蒙古地区的社会改革、经济文化事业的发展具有划时代的深远意义，也为其他少数民族的解放斗争树立了成功的典范。

会址内情景复原油画

毛澤東．朱德给内蒙古人民代表大會的賀電

親愛的内蒙古人民代表大會全體代表們：

　　你們5月17日來電收到了。曾經飽受困難的内蒙古同胞，在你們領導之下，正在開始創造自由光明的新歷史。我們相信：蒙古民族與漢族和國内其他民族親密團结，爲著掃除民族壓迫與封建壓迫，建設新蒙古與新中國而奮鬥。慶祝你們的勝利。

毛澤東　朱德
1947年5月19日

毛泽东、朱德写给内蒙古人民代表大会的贺电

‖ 80 ‖ 乌兰浩特市烈士陵园 ——————

撰稿：高国庆

摄影：李岩　孟托

　　位于乌兰浩特市五一北路，始建于1948年，1949年10月1日正式落成，自北向南、自上而下，依山势而建。陵园占地面积12万平方米，建筑面积6114平方米，是为纪念在解放战争中牺牲的乌兰浩特市地区的烈士和籍贯为乌兰浩特市的烈士而建。

　　人民解放战争烈士纪念塔坐落在陵园最高处，塔高23.7米，占地面积1010平方米。台阶两侧是花岗石群雕，西南侧是内蒙古骑兵雕塑，东南侧是苏联红军烈士纪念塔。整体建筑布局合理，气势宏大。门前镶嵌着原全国人大常委会副委员长布赫亲笔书写的"乌兰浩特市烈士陵园"九个黄金大字。烈士纪念碑东西两面碑文是云泽同志（乌兰夫）用蒙汉两种文字书写的碑文，正面是"人民解放军烈士纪念塔"背面是"为人民战争而牺牲的英雄们永垂

人民解放纪念塔全景

不朽"，四周是汉白玉雕花护栏。纪念塔右前方是东西向长方形革命烈士灵堂，灵堂存放着325位革命烈士的骨灰。左前方是东西向长方形革命烈士纪念堂，纪念堂内布置了56米长的展线，主要以内蒙古骑兵一师在辽沈战役中黑山阻击战的部分事迹为主线，以缅怀先烈，继承传统，军民共建美好红城为主线，以图片和画面的形式予以展示。纪念塔西南侧是内蒙古骑兵雕塑，东南方是苏联红军烈士纪念塔。

2001年4月30日，乌兰浩特市烈士陵园被国务院批准为全国重点烈士建筑物保护单位。是进行爱国主义教育和革命传统教育的重要基地。

烈士陵园雕像

烈士陵园雕像

‖81‖ 乌兰浩特市兴安中学礼堂旧址

撰稿：高国庆
摄影：潘学

乌兰浩特市重点文物保护单位。

位于乌兰浩特市第四中学院内西北角。

旧址坐北朝南，为上下两层长方形起脊青砖建筑。造型极具特色，所用材料考究。外部为青砖墙体，人字架木结构，二楼有外廊式阳台，房顶为深绿彩钢瓦，为典型的欧式建筑。内有舞台一个，办公室5间，旧址建筑主体结构基本保持原貌，木门、木窗等维护较为完善。原为兴安中学礼堂，后改名为乌兰浩特市第一中学礼堂。

兴安中学始建于1947年，当时校名为乌兰浩特市中学，1949年迁入现在的校址（乌兰浩特市罕山中街49号），并更名为兴安中学，1953年更名为乌兰浩特市第一中学，是内蒙古自治区成立后建立的第一所完全中学。20世纪50年代是全国重点办好的28所中学之一，60年代出席了全国文教战线群英会。

1950年，在全国教育工作总方针的指导下，自治区人民政府拨款，对兴安中学开始大规模的校园建设。其中包括在学校教学区修建了一幢大礼堂，主体建筑434.7平方米，欧式风格。加上锅炉房、浴池等附属建筑，总面积近1000平方米。

1951年大礼堂建成，并于暑期开学时投入使用。

旧址右侧后面全景

旧址正面

旧址右侧面

旧址一楼大厅舞台

撰稿：那日苏　高国庆
摄影：高国庆

乌兰浩特市重点文物保护单位。

位于乌兰浩特市市区东南部，乌兰浩特市第二中学院内西北角。

1952年内蒙古师范学院创办于此，1954年迁于呼和浩特。后由乌兰浩特市第二中学一直沿用。旧址坐西向东，为长方形仿俄式风格红砖二层楼，东西长56米，南北宽23米，总面积815平方米。墙体以红砖砌筑，水泥勾缝，门窗上部以楔形石材卷砌，窗檐窗框等承重部位以木材为主。外观粉刷红色，现有门、窗等均为原有物品，室内地面为人工水磨石，内有大舞台一个。

内蒙古师范学院礼堂旧址，具有特定的时代内涵及较高的纪念价值。一方面，内蒙古师范学院是内蒙古师范大学的前身，是新中国成立后党和国家在边疆少数民族地区最早建立的高等学校之一。作为

旧址主体正面

旧址主体楼厢室南侧面

其诞生时期修建的礼堂，具有极其重要的历史意义。另一方面，乌兰浩特市第二中学成立于1953年，是全自治区成立最早的民族高中。历来以为社会培养德才兼备的少数民族人才为办学宗旨。自建立至今，培养出如旭日干、朝伦巴根、思沁、色音巴雅尔等一大批全国知名的优秀专家、学者。 作为其一直沿用的礼堂，承载了厚重的校园文化。其红砖砌筑、苏式风格的建筑特色，也具有鲜明的时代特征，有较高的纪念价值。

2006年7月，内蒙古师范学院礼堂旧址被兴安盟行政公署公布为兴安盟红色文化旧址。

‖83‖ 科尔沁右翼前旗兴安红色第一村党支部旧址

撰稿：尹建光　乔源霖
摄影：刘小放　李岩

科尔沁右翼前旗重点文物保护单位。

位于科尔沁右翼前旗科尔沁镇巴拉格歹办事处兴安村内，现旧址为2007年复建，旧址总占地面积8000平方米，平面呈长方形，东西长200米、南北宽40米。围墙为仿黄泥墙体，顶部有垛口，东西两侧开门，混凝土门垛，仿古木质大门。支部的旧址是三间土房，面积2310平方米，稻草顶，木质门窗，方格形窗棂。

1945年，随着中国共产党派大批干部和部队挺进东北，东蒙各地也陆续来了一批共产党干部。1946年3月西满军区驻王爷庙办事处成立，是党设在王爷庙的机构，负责领导兴安盟地区的革命斗争。1946年4月，中共东蒙工委在王爷庙（今乌兰浩特市）成立，5月改称中共兴安省工委。6月，工委派宋振鼎（1972～1979年，江苏淮阴人，曾历任中共西科前旗即

党支部旧址

今科尔沁右翼前旗书记、兴安盟委副书记、代书记)、蒋弥仁、潘祖胜等人组成群众工作团，到巴拉格歹努图克（乡）开辟革命工作。他们领导群众开展减租减息运动，斗争恶霸地主，分田地、分粮食，沉重地打击了反动势力。宋振鼎等人将靠近党组织的积极分子作为革命骨干力量进行培养。经党组织批准，1946年9月1日，在巴拉格歹努图克兴安镇秘密发展了第一批农民党员，建立内蒙古东部区第一个农村党支部——兴安镇支部，共10名党员，李国芳任党支部书记。

　　在兴安镇党支部成立后，兴安盟各努图克党的活动日益增多，有些努图克逐步建立起了党支部或者党小组。巴拉格歹努图克于1947年末建立工委，1948年9月改为区委。1948年，内蒙古党工委组成工作组，到巴拉格歹开展公开建党试点工作，从此，在西科前旗拉开了公开建党工作的序幕。

　　兴安红色第一村党支部旧址于2010年被中共兴安盟委组织部确定为全盟党员干部教育基地。

瞭望台

党支部旧址内部

附 录

附　录　**目录**

表一　兴安盟全国重点文物保护单位名单

表二　兴安盟自治区级重点文物保护单位名单

表三　兴安盟市县级重点文物保护单位名单

表一　兴安盟全国重点文物保护单位名单

序号	公布名称与单体名称		时代	公布批次	所在旗县(区)
1	金界壕遗址		金代	第五批	扎赉特旗 科尔沁右翼前旗 突泉县 科尔沁右翼中旗
2	内蒙古自治政府成立大会会址		1935年	第六批	乌兰浩特市
3	成吉思汗庙		1940年	第六批	乌兰浩特市
4	中国共产党内蒙古工作委员会办公旧址		1947年	第七批	乌兰浩特市
5	侵华日军阿尔山要塞遗址	(1) 阿尔山要塞花炮台阵地遗址	1935～1944年	第七批	阿尔山市
		(2) 南兴安隧道碉堡			
		(3) 五岔沟日伪飞机场遗址			
		(4) 阿尔山火车站			
6	吐列毛杜古城遗址		金代	第七批	科尔沁右翼中旗

表二　兴安盟自治区级重点文物保护单位名单

序号	公布名称与单体名称		时代	公布批次	所在旗县(区)
1	乌兰夫同志办公旧址		1936年	第三批	乌兰浩特市
2	内蒙古日报社旧址		1935年	第三批	乌兰浩特市
3	博克达活佛府邸		清代	第三批	科尔沁右翼中旗
4	乌兰哈达遗址群	(1) 古城城址	辽代　金代	第四批	乌兰浩特市
		(2) 前公主陵古城遗址			
		(3) 公主陵北墓群	辽代		
5	内蒙古自治政府办公楼旧址		1935年	第四批	乌兰浩特市

表三 兴安盟市县级重点文物保护单位名单

序号	公布名称与单体名称	时代	保护级别及批次	所在旗县（区）
1	曙光村北墓葬	宋代 辽代	市级 2012年公布	乌兰浩特市
2	东白音墓葬	辽代 金代	市级 2012年公布	乌兰浩特市
3	舍林遗址	辽代 金代	市级 2012年公布	乌兰浩特市
4	东白音城址	辽代 金代	市级 2012年公布	乌兰浩特市
5	浩特营子遗址	辽代 金代	市级 2012年公布	乌兰浩特市
6	东包村墓葬群	辽代 金代	市级 2012年公布	乌兰浩特市
7	曙光村遗址	辽代 金代	市级 2012年公布	乌兰浩特市
8	西白音城址	辽代 金代	市级 2012年公布	乌兰浩特市
9	阿古营子遗址	清代	市级 2012年公布	乌兰浩特市
10	葛根庙	清代	市级 2012年公布	乌兰浩特市
11	阿古营子古墓葬	清代	市级 2012年公布	乌兰浩特市
12	永联村铁路桥	民国	市级 2012年公布	乌兰浩特市
13	永联村日伪飞机堡群	民国	市级 2012年公布	乌兰浩特市
14	曙光村东北墓葬	民国	市级 2012年公布	乌兰浩特市
15	呼格吉勒嘎查铁路桥	民国	市级 2012年公布	乌兰浩特市
16	兴安中学礼堂旧址	1951年	市级 2012年公布	乌兰浩特市

序号	公布名称与单体名称	时代	保护级别及批次	所在旗县（区）
17	内蒙古师范学院礼堂旧址	1952年	市级　2012年公布	乌兰浩特市
18	巴达尔胡城址	辽代	旗级　2003年公布	扎赉特旗
19	两家子城址	辽代　金代	旗级　2003年公布	扎赉特旗
20	绰勒城址	辽代　金代	旗级　2003年公布	扎赉特旗
21	新林北岗岗屯城址	金代	旗级　2003年公布	扎赉特旗
22	后音德尔城址	金代	旗级　2003年公布	扎赉特旗
23	乾德牟尼庙遗址	清代	旗级　2003年公布	扎赉特旗
24	北山小楼	1937年	旗级　2003年公布	扎赉特旗
25	其格吐古城址	金代	旗级　2009年公布	扎赉特旗
26	爱民屯城址	金代	旗级　2009年公布	扎赉特旗
27	五连屯城址	金代	旗级　2009年公布	扎赉特旗
28	三连屯城址	金代	旗级　2009年公布	扎赉特旗
29	浩斯台城址	金代	旗级　2009年公布	扎赉特旗
30	丰屯古遗址	清代	旗级　2009年公布	扎赉特旗
31	索伦苏联红军纪念塔及烈士墓园	1945年	旗级　第三批	科尔沁右翼前旗
32	乌敦摩崖题记	辽代	旗级　第四批	科尔沁右翼前旗
33	十八户摩崖题记	辽代	旗级　第四批	科尔沁右翼前旗
34	戚家店城址	金代	旗级　第五批	科尔沁右翼前旗

序号	公布名称与单体名称	时代	保护级别及批次	所在旗县（区）
35	好田五队城址	辽代 金代	旗级 第五批	科尔沁右翼前旗
36	后民生城址	金代	旗级 第五批	科尔沁右翼前旗
37	白音花城址	辽代 金代	旗级 第五批	科尔沁右翼前旗
38	好田城址	金代	旗级 第五批	科尔沁右翼前旗
39	兴安红色第一村 党支部旧址	民国	旗级 第五批	科尔沁右翼前旗
40	小靠山屯日伪碉堡	民国	旗级 第五批	科尔沁右翼前旗
41	红峰村日伪军事设施	民国	旗级 第五批	科尔沁右翼前旗
42	察尔森中村事件旧址	民国	旗级 第五批	科尔沁右翼前旗
43	好仁日伪飞机堡群	民国	旗级 第五批	科尔沁右翼前旗
44	索伦革命烈士墓	民国	旗级 第五批	科尔沁右翼前旗
45	哈拉黑日伪飞机库	1935年	旗级 第五批	科尔沁右翼前旗
46	西热山日伪工事群	1935年	旗级 第五批	科尔沁右翼前旗
47	套海营子日伪飞机场旧址	1935年	旗级 第五批	科尔沁右翼前旗
48	白音珠日河敖包群	1942年	旗级 第五批	科尔沁右翼前旗
49	巴拉格歹蒋弼仁烈士墓园	1984年	旗级 第五批	科尔沁右翼前旗
50	双城城址	辽代	县级 2008年公布	突泉县
51	新立屯城址	辽代	县级 2008年公布	突泉县
52	大保遗址	辽代	县级 2008年公布	突泉县

序号	公布名称与单体名称	时代	保护级别及批次	所在旗县（区）
53	穆家街墓群	辽代	县级　2008年公布	突泉县
54	六户城址	辽代	县级　2008年公布	突泉县
55	于家屯城址	辽代	县级　2008年公布	突泉县
56	陈郜城址	辽代	县级　2008年公布	突泉县
57	帽山遗址	辽代	县级　2008年公布	突泉县
58	架子山墓群	辽代	县级　2008年公布	突泉县
59	尖山墓群	辽代	县级　2008年公布	突泉县
60	蒙格罕山鲜卑洞	汉代 魏晋时期	旗级　2008年公布	科尔沁右翼中旗
61	芒来遗址	辽代	旗级　2008年公布	科尔沁右翼中旗
62	扎木沁工作部巴彦忙哈古墓群	辽代	旗级　2008年公布	科尔沁右翼中旗
63	代钦塔拉古墓群	辽代	旗级　2008年公布	科尔沁右翼中旗
64	布敦化城址	辽代　金代	旗级　2008年公布	科尔沁右翼中旗
65	固伦永安长公主陵遗址	清代	旗级　2008年公布	科尔沁右翼中旗
66	图什业图王府遗址	清代	旗级　2008年公布	科尔沁右翼中旗
67	乃吉托音祭坛	清代	旗级　2008年公布	科尔沁右翼中旗
68	哲里木十旗会盟地遗址	清代	旗级　2008年公布	科尔沁右翼中旗
69	玛尼吐古墓群	东汉 魏晋时期	旗级　2010年公布	科尔沁右翼中旗
70	巴日哈达洞壁题记	辽代　金代	旗级　2010年公布	科尔沁右翼中旗

序号	公布名称与单体名称	时代	保护级别及批次	所在旗县（区）
71	亚门毛杜毕其格哈达摩崖题记	金代	旗级　2010年公布	科尔沁右翼中旗
72	额日吐墨书题记	金代	旗级　2010年公布	科尔沁右翼中旗
73	代钦塔拉烈士陵	民国	旗级　2010年公布	科尔沁右翼中旗
74	兴安敖包	民国	旗级　2010年公布	科尔沁右翼中旗
75	西太本供销合作社	1953年	旗级　2010年公布	科尔沁右翼中旗
76	吐列毛杜镇电影院	20世纪60年代初	旗级　2010年公布	科尔沁右翼中旗
77	孙广山烈士碑	1967年	旗级　2010年公布	科尔沁右翼中旗
78	二十八扑火烈士碑	1983年	旗级　2010年公布	科尔沁右翼中旗

后 记

　　《兴安文化遗产》一书，是由内蒙古自治区文物考古研究所组织编撰的《内蒙古文化遗产丛书》之一。全书依照时代序列，分为新石器时代、魏晋北朝时期、辽金元时期、明清时期、近现代等五个部分，每个部分之下，大致依照古遗址、古墓葬、古建筑、石窟寺及石刻、其他等五个不可移动文物分类的顺序，依次介绍每个不可移动文物点。

　　本书中介绍的不可移动文物点，共有83处，主要包括了全国重点文物保护单位、内蒙古自治区文物保护单位以及部分市县级文物保护单位，还有部分未定级的重要文物点。对这些文物点的介绍，包括了文物的基本状况、前人工作与研究概况等文字内容，并配有文物本体、周边环境与出土遗物等的图片。

　　本书综述主要是介绍兴安盟的自然环境、人文历史以及以往文物考古工作概况等。附录主要是对兴安盟的全国重点文物保护单位、自治区文物保护单位、市县级文物保护单位分别作分解统计，内容包括公布名称与单体名称、年代、保护级别及批次、所在旗县市等几个方面的内容。公布名称为公布文物保护单位时的文物点名称，有的公布名称不符合文物点的命名规范，在后面括号中予以更正；有的文物保护单位是由多个单体文物点组成的复合文物，遇到这样的情况，在公布名称下面一一列出单体名称；对于较为特殊的线性文物，如长城，按盟市域、旗县域的线路分布作单体统计，如兴安盟金界壕，统计为一个单体文物。年代并不一定遵照当初公布文物保护单位时认定的年代，要依据最新的研究成果确定文物的年代；根据文物点的不同类型，有的仅列出始建年代，有的则一一列出文物的沿用年代。保护级别及批次方面，遵循文物点的最高保护级别原则，如一个文物点曾经公布为自治区文物保护单位，现今已升级为全国重点文物保护单位，则仅按全国重点文物保护单位作统计。如果一个文物点分布在多个旗县市，则大体按照由东向西的方向，依次列出所在旗县市。

本书高国庆撰写了综述，包金泉、高国庆、路瑶做了大量的前期资料收集整理工作，并制作了书后附录，由尹建光、关玉文统稿，陈永志审定稿。具体参加文物点撰稿的人员有尹建光、高国庆、包金泉、阿如娜等。

在此书编写过程中，任玉忠、钱玉成先生提出了宝贵意见及相关资料。五岔沟林业局、白狼林业局、科尔沁右翼中旗文体局等单位友情提供了诸多帮助，在此表示衷心感谢。本书的资料来源，包括了兴安盟历年来的考古调查与发掘成果、其他文物单位的考古调查与发掘成果、新中国成立以来开展的三次不可移动文物普查资料、全国长城资源调查资料、相关专家学者的考古研究成果等。面对如此庞杂的资料来源，书中列出的注释、图片来源、参考文献等，难免挂一漏万；如有个别遗漏，还望原单位、原作者谅解。

本书承蒙内蒙古自治区党委常委、宣传部乌兰部长撰写了序言，在此表示由衷的敬意与诚挚的感谢！

由于本书成书较为仓促，加之编写人员能力有限，难免有错讹与不足之处，敬请读者批评指正。

编者

2014年3月23日